365 blagues

Tome 4

pour les enfants à partir de 7 ans

Hemma

Si incroyable que cela puisse paraître, Fabrice Lelarge est instituteur ! Ses élèves, habitués à ses blagues et à ses farces, sont sans aucun doute les enfants les plus souriants de toute l'école ! Auteur chez Hemma depuis 1999, les récits de Fabrice sont toujours empreints d'humour et de tendresse...

Ses grands frères aimaient Le Petit Nicolas de Sempé. C'est pourquoi ils demandèrent à leurs parents d'appeler le petit dernier, Nicolas (Nicolaz en breton), lequel, depuis qu'il est tout petit, dessine, dessine, dessine...

Quand on ne sait rien faire, on se met par dépit à dessiner. C'est ce que François Ruyer a fait très tôt. Déjà tout petit, il griffonnait dans les marges de son cahier, au grand désespoir de ses maîtres. Depuis bientôt vingt ans qu'il sévit dans l'univers impitoyable du livre, combien d'enfants a-t-il fait rêver ?

Voici ce qui arrive lorsque l'on ne travaille pas bien à l'école et que l'on dessine sur les tables en classe : Frédéric Tessier illustre pour la presse et l'édition...

365 blagues
Tome 4

pour les enfants à partir de 7 ans

Hemma

Devinette 1 Janvier

Devinette : Que disent deux bonhommes de neige qui se rencontrent ?

(Tu ne trouves pas que ça sent la carotte aujourd'hui ?)

Janvier

Histoire drôle
2
Janvier

La maîtresse fait l'appel :
- Warren ?
- Présent, maîtresse !
- Maëlle ?
- Présente, maîtresse !
- Stéphy ?
- Absente, maîtresse.
- Lucas ?
- ... euh... je ne sais plus ce que je suis, maîtresse.

Un petit serpent s'inquiète :
- Maman, est-ce que je suis venimeux ?
- Mais non, pourquoi ?
- Parce que je me suis mordu la langue !

Histoire drôle
3
Janvier

Histoire drôle **4** Janvier

La maîtresse prend sa craie.
- Aujourd'hui, nous allons apprendre à écrire la lettre « M », comme « Mouton ».
- N'importe quoi, dit Marion, c'est pas « M comme Mouton », c'est « M comme Marion » !

- Maîtresse, j'a envie d'aller aux toilettes !
- On ne dit pas « j'a envie », mais « j'ai envie », Damien.
- Bah ? C'est ce que j'a dit !

Histoire drôle **5** Janvier

Histoire drôle 6 Janvier

Comme chaque dimanche, Alex reçoit son argent de poche :
Sa mère lui donne 5 euros, et demande :
- Qu'est-ce qu'on dit ?
- Euh... 5 euros, c'est tout !?

Histoire drôle 7 Janvier

Un petit lapin au bord de la route gratte ses griffes sur le sol.
Arrive un écureuil qui lui demande :
- Qu'est-ce que tu fais ?
- Je lime mes griffes en pointe. Comme ça je pourrai griffer le renard s'il m'embête !
Puis arrive un canard :
- Mais qu'est-ce que tu fais ???
- Je lime mes griffes en pointe, comme ça je pourrai griffer le renard et lui arracher les oreilles !
Le canard s'étonne et reprend son chemin.
Quelques minutes plus tard arrive le renard.
- Qu'est-ce que tu fais, petit lapin ?
Et le lapin de pousser un énorme soupir !
- Bah, je suis assis là, à me gratter les pattes et à raconter des bêtises !

Histoire drôle

8

Janvier

Deux chats discutent :

- Le chien de mon voisin, c'est un ange !

- Tu as de la chance, le chien du mien est toujours en vie !

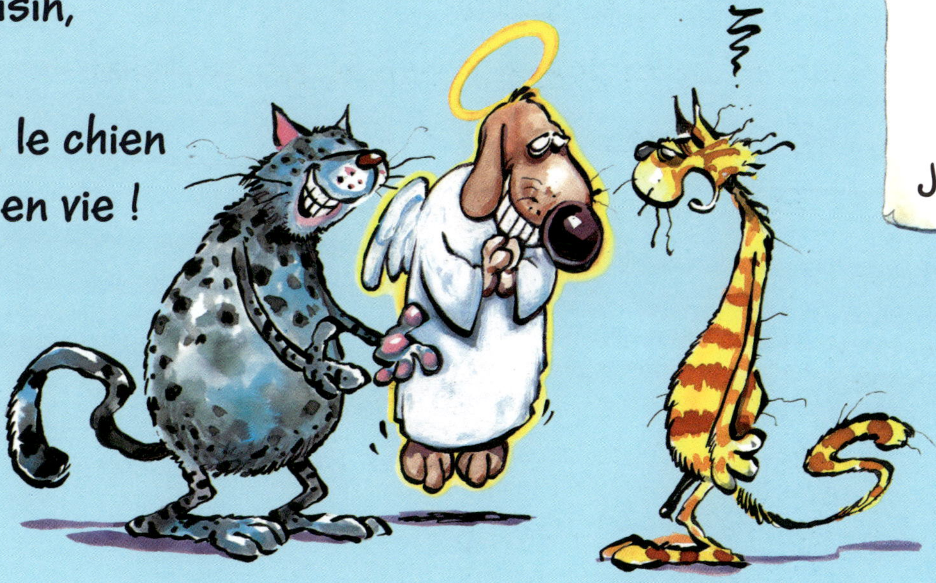

Papa dit à Adrien :

- Tu dois manger tous tes épinards si tu veux devenir fort comme papa.

- Je ne veux pas être « fort comme papa », répond Adrien, « je veux être LE CHEF, comme maman ! »

Histoire drôle

9

Janvier

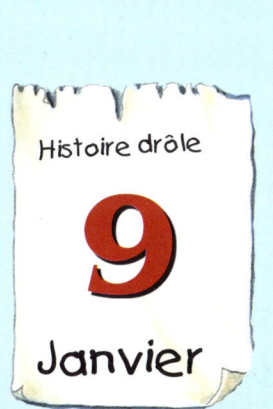

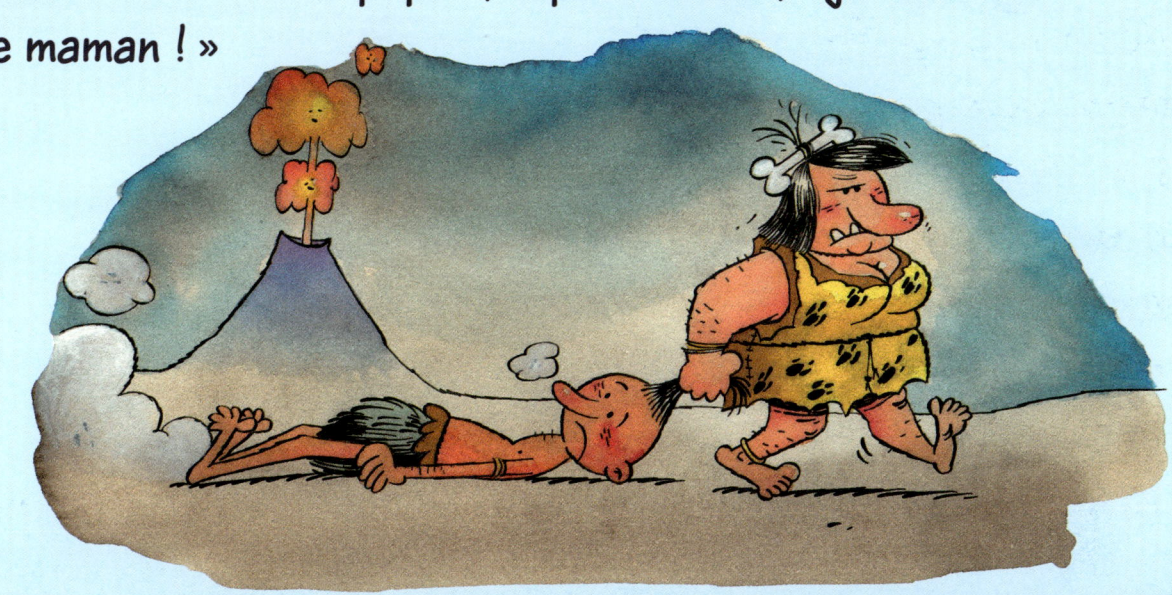

Devinette
10
Janvier

Devinette : Que prend un éléphant quand il entre dans un bar ?

(De la place.)

Devinette : Qu'est-ce qui fait « Teuf-Teuf » sous la terre ?

(Une taupe en scooter !)

Devinette
11
Janvier

Histoire drôle — 12 Janvier

Deux copains discutent après la classe :
- Si tu avais un génie dans une lampe, tu souhaiterais quoi, toi ?
- Moi ? Je souhaiterais que Paris devienne la capitale de l'Angleterre !
- Quoi ? C'est n'importe quoi ! Pourquoi tu souhaiterais un truc pareil ???
- Parce que c'est ce que j'ai répondu dans mon contrôle de géographie...!

Histoire drôle — 13 Janvier

- Docteur, tout le monde me prend pour un chien.
- Mmmh... je vois. Allongez-vous, je vais vous examiner.
Le patient s'allonge.
- Mais c'est très bien ça, s'exclame le docteur. C'est un bon chien ! Tu veux un su-sucre ?

Histoire drôle 14 Janvier

Un matin, un jeune homme arrive au bureau en pleurant. Son patron, soucieux du bien-être de ses employés, lui demande avec sympathie ce qui se passe. Le jeune homme lui répond :
- J'ai reçu un coup de téléphone m'annonçant que mon père venait de se casser une jambe au ski...
- Ce n'est pas bien grave, un petit plâtre et ça ira très bien. Pourquoi ne rentreriez-vous pas chez vous pour la journée ? Prenez une journée de congé pour vous reposer et revenez quand ce gros chagrin sera passé.
Le jeune homme lui répond très calmement :
- Non, je préfère être ici. Vous avez raison, ce n'est pas bien grave.
- D'accord. Si vous avez besoin de quelque chose, n'hésitez pas à me le dire.
Quelques minutes passent, le patron décide d'aller voir comment va son employé. Il passe la tête par la porte et voit que le jeune homme pleure encore plus fort.
- Qu'est-ce qui ne va pas ? Vous n'alliez pas mieux il y a un instant ?
- Si ! Mais mon frère vient de m'appeler : son père aussi vient de se casser la jambe au ski !!!

Histoire drôle 15 Janvier

Frédo revient de l'école avec un œil au beurre noir.
- Mais, qu'est-ce qui t'est donc arrivé ?
- Y a un sale garnement que je connais pas qui s'est battu avec moi dans la rue.
- Et tu penses que tu le reconnaîtrais si tu le revoyais ?
- Ah ! oui. C'est certain. J'ai ses deux dents de devant dans ma poche !

Un coq entre au poulailler avec un œuf d'autruche. Il convoque ses poules.
« Mesdames, je ne voudrais pas vous vexer, mais vous voyez ce que vous POURRIEZ pondre !!!? »

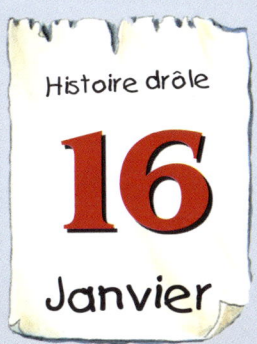

Histoire drôle 16 Janvier

Histoire drôle **17** Janvier

Deux amis se rencontrent :
- J'emmène mon chien chez le vétérinaire parce qu'il a mordu ma belle-mère.
- Ah bon ? Tu veux que le vétérinaire lui mette une muselière et le rende moins agressif ?
- Non, tu rigoles...! Je viens pour lui faire aiguiser les dents !

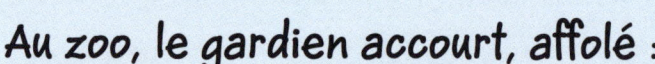

Au zoo, le gardien accourt, affolé :
- Monsieur ! Votre belle-mère est tombée dans le bassin des crocodiles !
- Ce sont VOS crocodiles, alors vous n'avez qu'à les sauver vous-même !

Histoire drôle **18** Janvier

Histoire drôle 19 Janvier

Un client s'étonne :
- C'est la première fois que je vois un magasin d'instruments de musique vendre également des armes !
- Vous savez, monsieur, quand quelqu'un vient m'acheter une trompette, il n'est pas rare que quelques jours plus tard son voisin vienne m'acheter un fusil !

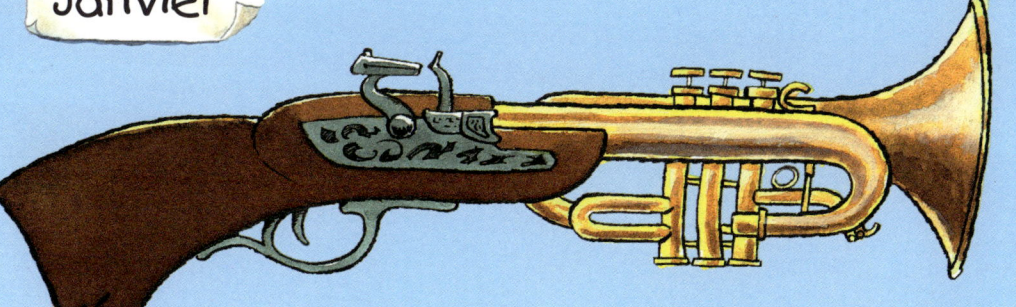

Un couple arrive en vacances, mais tous les hôtels sont complets. Ils trouvent finalement un petit hôtel, qui affiche aussi complet, mais le directeur leur propose un marché :
- Je peux bien vous louer une chambre, dit celui-ci, mais il faudra faire votre lit.
- Oh ! ce n'est pas bien grave, répond madame, nous avons l'habitude, à la maison...

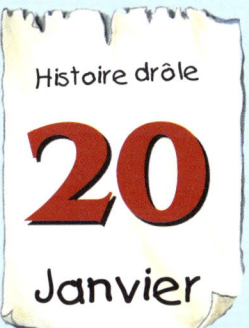

Histoire drôle 20 Janvier

-Très bien ! Pour faire votre lit, voici un marteau et des clous. Les planches sont dans la chambre.

Histoire drôle
21
Janvier

Un petit garçon rentre de l'école :
- Papa, c'est vrai que tes lunettes grossissent tout ?
- Bien sûr, pourquoi ?
- Alors mets-les avant de regarder mes notes !

Devinette : Pourquoi les fous sortent-ils toujours de chez eux avec les cheveux mouillés ?

(C'est parce qu'ils font toujours un bisou à leur poisson rouge en partant !)

Devinette
22
Janvier

Histoire drôle 23 Janvier

Une jeune touriste américaine visite un vieux château écossais. À la fin de la visite, le guide lui demande si elle a aimé. La jeune touriste reconnaît qu'elle a eu un peu peur de voir débouler un fantôme.
- Ne vous affolez pas, je n'ai jamais vu un fantôme depuis que je suis ici.
- Et cela fait combien de temps ?
- Environ trois siècles...

Deux amis se rencontrent un matin. L'un d'eux vient tout juste de rentrer de ses vacances. L'autre lui demande :
- Alors, comment s'est passé ton séjour au Japon ?
- J'sais pas, j'ai pas encore développé les photos...

Histoire drôle 24 Janvier

Histoire drôle — 25 Janvier

Un fou trouve un billet de 5 euros par terre :
Un copain lui demande :
- Qu'est-ce que tu vas faire avec tout cet argent ?
- Je vais m'acheter un portefeuille à 5 euros, comme ça, je pourrai mettre mon billet dedans !

Devinette — 26 Janvier

Devinette : Pourquoi un fou met-il son journal dans le frigo ?

(Pour avoir des nouvelles fraîches !)

Histoire drôle — 27 Janvier

Un vieux fermier du quartier en a marre que les enfants du village viennent dans son jardin la nuit pour voler ses melons. Un jour, il bricole une pancarte et la plante au milieu de ses melons.

Le soir, deux enfants venus se régaler gratuitement dans le jardin du fermier lisent la pancarte : « ATTENTION, un de ces melons contient du poison ! »

En voyant ça, les enfants quittent les lieux, et reviennent quelques minutes plus tard avec une autre pancarte, qu'ils plantent au milieu du jardin.

Le lendemain matin, le fermier va voir ses melons, les compte, et constate avec joie qu'aucun ne manque... Mais sur la pancarte que les enfants ont placée, il lit : « Maintenant il y en a deux ! »

Histoire drôle — 28 Janvier

Un éléphant rencontre un chameau :
- T'es marrant, toi, t'as deux grosses carapaces de tortue sous la peau du dos !
Le chameau vexé, répond :
- C'est toi qui es marrant, patate, t'as un serpent au milieu de la figure !

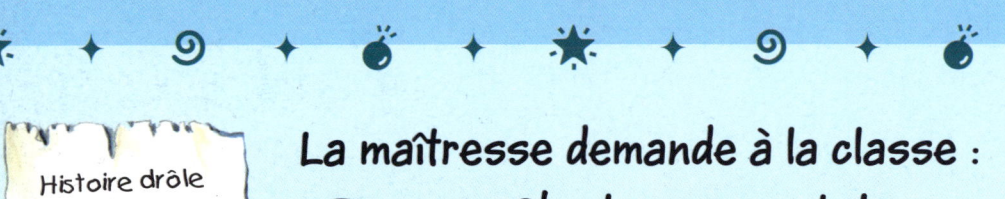

Histoire drôle — 29 Janvier

Dans un avion, un homme s'adresse à une hôtesse occupée à asseoir les passagers.
- Excusez-moi, mademoiselle, combien de temps ça va prendre pour voler de Paris jusqu'à New York ?
- Juste une minute, monsieur...
- Très bien, merci ! C'est rapide, dites donc !

Histoire drôle — 30 Janvier

La maîtresse demande à la classe :
- Pourquoi Charlemagne a-t-il inventé l'école ?
- Parce qu'il ne risquait plus rien. Il était trop vieux pour y aller !

Devinette — 31 Janvier

Devinette : Que fait un fou dans un cinéma ?

(Il cherche la télécommande pour changer de chaîne !)

Un homme entre dans un bar avec son chien.
- Les chiens ne sont pas admis ! s'écrie le barman.
- Mais, monsieur, ce n'est pas n'importe quel chien. Celui-ci sait jouer du piano comme un pro !
Le barman réfléchit.
- Très bien, il peut rester s'il nous joue un morceau de piano. Sinon, il dégage !
Le chien s'installe au piano, et commence à jouer du Mozart avec un professionnalisme étonnant.
Les clients sont ravis.
Soudain, un chien énorme entre dans le bar, avance vers le piano, attrape le chien pianiste par la peau du cou et le sort du bar en grognant. Le barman n'en revient pas.
- Qui c'est, ce chien-là ???
- Oh, dit le propriétaire du chien pianiste, ce n'est rien, c'est sa mère. Elle ne supporte pas qu'il joue du piano, elle voulait qu'il devienne médecin...!

Février

Histoire drôle
1
Février

Histoire drôle
2
Février

Dans un avion, après avoir regardé par le hublot, un homme dit à son voisin :
- Franchement, monsieur, c'est extraordinaire : vues d'ici, les voitures sur la route ont vraiment l'air de fourmis !
- Oui, mais c'est normal, répond l'autre, ce sont des fourmis : nous n'avons pas encore décollé !

Deux enfants discutent :
- Moi, je cours très vite ! J'ai même battu le record du 100 mètres.
- Ah oui ? Tu as fait combien ?
- J'ai couru 102 mètres !

Histoire drôle
3
Février

Histoire drôle
4
Février

Un type discute avec son copain :
- Ça va mal ces jours-ci, ma femme passe ses soirées à faire le tour des bars en ville.
- Elle aime faire la fête ?
- Non, elle me cherche.

À la douane, un policier interroge un voyageur :
- Vous avez de l'alcool ?
- Non.
- Vous avez des armes ?
- Non.
Après avoir jeté un coup d'œil aux alentours, le douanier demande :
- Vous en voulez ?

Histoire drôle
5
Février

Histoire drôle 6 Février

Un explorateur est capturé par une tribu de cannibales. On le plonge alors dans un immense chaudron rempli d'huile, et sous lequel un feu est allumé. Un des sauvages s'approche du pauvre homme et lui demande :
- Comment t'appelles-tu ?
- Frédéric... Pourquoi ?
- C'est pour marquer sur le menu !

Histoire drôle 7 Février

Un fou met un doigt devant sa figure et demande au médecin :
- Qu'est-ce que tu vois, docteur ?
- Je vois un doigt.
Le fou rapproche encore le doigt de sa figure en rigolant :
- Je suis bien caché, hein !???

Devinette
8
Février

Devinette : Qu'est-ce qui est petit, carré et jaune ?

(Un petit carré jaune !)

- C'est effrayant d'avoir une femme comme la mienne. Elle ne s'endort jamais avant trois heures du matin.
- Elle souffre d'insomnie ?
- Non, elle attend que je rentre à la maison !

Histoire drôle
9
Février

Histoire drôle
10
Février

Un professeur donne à ses élèves un contrôle composé de questions auxquelles ils doivent répondre par oui ou par non. Au bout de quelques instants, il s'aperçoit qu'un des élèves lance sans cesse en l'air une pièce de monnaie avant d'écrire sur sa feuille.
- Qu'est-ce que tu fabriques avec cette pièce ???
- Je joue mes réponses à pile ou face, m'sieur, répond le garçon. Pile je réponds oui et face, je réponds non.
Le professeur s'éloigne en secouant la tête.
Au moment de ramasser les copies, il constate que le même élève continue de lancer sa pièce en l'air, mais cette fois très rapidement.
- Qu'est-ce que tu fais encore ? lui demande-t-il.
- Je vérifie en vitesse mes réponses, m'sieur !

Histoire drôle
11
Février

Une dame à sa voisine :
- Ma fille a deux passions, la danse et le chant...Elle hésite...
- Je crois qu'elle devrait choisir la danse !
- Pourquoi ?...Vous l'avez vue danser ?
- Non, mais je l'ai entendue chanter!

Un chirurgien se fâche après son patient :
- C'est la huitième fois que vous vous cassez les jambes en vous entraînant à la course sur des sentiers truffés de rochers ! Si vous continuez comme ça, on va finir par vous les couper, vos jambes !!!
Et le patient :
- Si vous faites ça, je ne remettrai jamais les pieds chez vous !

Histoire drôle
12
Février

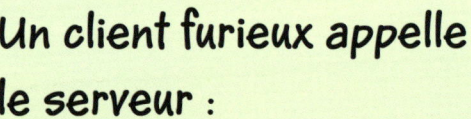

Histoire drôle
13
Février

Un client furieux appelle le serveur :
- Garçon ! Il est hors de question que je mange cette cochonnerie ! Appelez-moi le maître d'hôtel !
- Ce n'est pas la peine, monsieur, lui non plus il ne voudra pas manger cette cochonnerie !

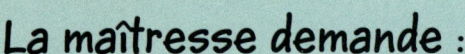

La maîtresse demande :
- À quelle époque auriez-vous aimé vivre ?
- Moi, dit Laura, j'aurais aimé vivre au Moyen Âge !
- Ah ? Et pourquoi ça ?
- Parce que, comme ça, j'aurais eu moins de leçons d'histoire à apprendre !

Histoire drôle
14
Février

Histoire drôle
15 Février

La maîtresse de Toto lui corrige ses devoirs :
- Damien, tu as tout bon... ton père t'a aidé ?
- Non, maîtresse, cette fois il les a faits tout seul !

Un gars va dans un bar et commande une bière.
Il la boit d'un coup. Regarde dans sa poche et en commande une autre ; il la boit et regarde dans sa poche.
Après avoir fait ça plusieurs fois, le serveur lui demande :
- Pourquoi vous regardez dans votre poche après avoir avalé votre verre ?
- Dans ma poche il y a une photo de ma femme. Quand je la trouverai belle, c'est qu'il sera temps de rentrer à la maison !

Histoire drôle
16 Février

Histoire drôle — 17 Février

Julien rentre de l'école, il a le genou écorché.
- Pauvre chou, tu as dû beaucoup pleurer, lui dit sa maman.
- C'était pas la peine, y'avait personne !

Histoire drôle — 18 Février

À l'heure de la sortie de classe, Émilie va trouver la maîtresse et lui demande :
- Excusez-moi, vous pouvez me dire ce que j'ai appris aujourd'hui, parce que mon papa me le demande tous les soirs !

Un homme téléphone à un collègue. C'est le jeune fils de trois ans qui répond.
- Allô. (Tout bas.)
- Bonjour, est-ce que ton papa est là ?
- Voui. (Tout bas.)
- Puis-je lui parler ?
- Non. (Tout bas.)
- Pourquoi ?
- Il est occupé. (Tout bas.)
- Y a-t-il d'autres personnes ?
- Voui. (Tout bas.)
- Qui ?
- Ma mère. (Tout bas.)
- Puis-je lui parler ?
- Non. (Tout bas.)
- Pourquoi ?
- Elle est occupée. (Tout bas.)
- Mais y a-t-il d'autres personnes dans la maison ?
- Voui. (Tout bas.)
- Qui ?
- La police. (Tout bas.)
- Mais puis-je leur parler ?
- Non. (Tout bas.)
- Mais pourquoi ?
- Ils sont occupés. (Tout bas.)
- Mais que font-ils à la fin ?
- Il me cherchent ! (Très très bas.)

Histoire drôle
19
Février

Histoire drôle
20
Février

Un martien débarque dans une station-service et dit à une pompe à essence :
- Enlève ton doigt de ton oreille quand je te parle !

Devinette : Si je fais une course de vélo et que je double le 3ᵉ, je suis en quelle position ?

(Quand on double le 3ᵉ, on devient... 3ᵉ !)

Devinette
21
Février

Histoire drôle 22 Février

- Garçon, mon café est d'hier. C'est un scandale, appelez-moi le patron !
- Bien, monsieur.

Le patron arrive.

- Le café que vous servez n'est pas frais, il est d'hier, ça se sent !
- Oui, effectivement, monsieur, c'est vrai, ce café a été préparé hier.
- Mais j'exige un café d'aujourd'hui, moi !!!
- Pas de problème, monsieur, revenez demain, nous vous le servirons... !

Paul, qui a besoin d'argent, demande à une de ses copines :
- Mélanie, tu as 10 euros sur toi ?
Et l'autre s'écrie :
- Ah bon ? Génial !!! Où ça ?

Histoire drôle 23 Février

Histoire drôle 24 Février

- Un homme rentre chez lui, la figure en sang, des bosses et des bleus partout et les vêtements en lambeaux...
- Qu'est-ce qui t'est arrivé ? lui demande sa femme.
- Voilà : alors que je sortais du bureau, un petit minable m'a bousculé.
- Et alors ?
- Alors, ce n'était pas un petit minable !

Le professeur demande :
- Qui peut me donner le nom d'un oiseau qui ne construit pas de nid ?
Une élève répond :
- Le coucou, maître.
- Oui, très bien. Et pourquoi ne construit-il pas de nid ?
- Parce qu'il vit dans une horloge !

Histoire drôle 25 Février

À l'école, l'institutrice interroge Léa :
- Léa, tu vends des fruits et légumes. Si je t'achète deux melons à 2 euros, une salade à 50 centimes, et un kilo de pommes de terre à 1 euro, combien je te dois ?
Léa réfléchit un instant et dit :
- Oh, ne vous inquiétez pas, maîtresse, vous me paierez demain !

Histoire drôle 26 Février

- Maman, dit Julien, sais-tu comment on appelle un endroit où tout le monde dort et où une seule personne parle ?
- Euh... non ?
- L'école !

Histoire drôle 27 Février

Un vampire entre dans un bar fantôme.
- Je voudrais un petit verre de sang, s'il vous plaît.
- Vous avez une préférence ? demande le barman.
- Non, non, non, du moment qu'il est frais.
Cinq minutes plus tard, un second vampire entre à son tour.
- Je voudrais un petit verre de sang, mais du groupe B, s'il vous plaît.
Et le barman, ravi, dit :
- Hum, hum, je vois que monsieur est un connaisseur !

Histoire drôle
28
Février

Un ours mange des framboises au bord d'une rivière quand un lapin l'appelle, de l'autre côté de la rive.
- Hé ! Hé, l'ours ! Viens voir ! C'est incroyable ! Viens !
L'ours continue de manger ses framboises en répondant :
- Non, je suis trop bien, là. C'est quoi, qui est incroyable ?
De l'autre côté de la rive, le lapin crie :
- Mais viens ! Tu vas voir, c'est trop génial ! Vite !
L'ours soupire, lâche ses framboises, marche trois kilomètres vers le nord pour trouver le pont, traverse la rivière, et marche trois kilomètres vers le sud pour rejoindre le lapin. Il arrive, épuisé d'avoir tant marché, et demande, tout essoufflé :
- Alors, c'est quoi, ce truc incroyable ?
Le lapin, tout excité, pointe l'autre côté de la rivière, là où l'ours se trouvait quand il l'a appelé.
- Regarde là-bas, sur l'autre rive ! Tu as déjà vu AUTANT DE FRAMBOISES !?

Histoire drôle

1

Mars

Mars

Histoire drôle 2 Mars

Au restaurant :
- Garçon ! Ce poulet que vous m'avez servi a une patte plus grosse que l'autre !
- Et alors, dit le garçon, vous avez commandé un poulet pour le manger ou pour danser avec ?

Un enfant entre dans une boulangerie :
- Bonjour, je voudrais cinq saucisses, s'il vous plaît.
- Désolé, petit, on ne vend pas de saucisses dans une boulangerie...
Le petit s'en va et revient le lendemain.
- Bonjour, je voudrais cinq saucisses, s'il vous plaît.
- Euh... je t'ai dit hier que l'on n'en vendait pas ici...
Le petit s'en va à nouveau et revient, encore et encore, pour demander des saucisses.
La semaine suivante, le boulanger exaspéré décide de mettre un panneau dans la vitrine : « Aujourd'hui, pas de saucisses ».
Mais le petit revient, très en colère :
- Alors comme ça, vous en AVIEZ !!!?

Histoire drôle 3 Mars

Histoire drôle 4 Mars

Mehdi rentre de l'école. Il rencontre un copain qui joue aux billes.
- Tu vas poser ton cartable chez toi, et tu reviens jouer avec moi ?
Mehdi soupire :
- Impossible, il faut que je rentre pour aider papa à faire mes devoirs...

Un homme entre dans un salon de coiffure.
- Combien, la coupe de cheveux ?
- 20 euros, monsieur.
- Et c'est combien pour se faire raser ?
- 10 euros.
- Alors, rasez-moi les cheveux, s'il vous plaît.

Histoire drôle 5 Mars

Histoire drôle 6 Mars

Une dame fait des reproches à son boulanger :
- Je suis désolée de vous le dire, mais votre pain est rassis !
- Un peu de respect, madame, je faisais du pain avant que vous ne soyez née !
- Justement, ce que je vous reproche, c'est de ne le vendre que maintenant !

Histoire drôle 7 Mars

Un fermier demande à son voisin :
- Qu'est-ce que tu avais donné à ton cheval quand il était tombé malade le mois dernier ?
L'autre répond :
- De la térébenthine.
Une semaine plus tard le fermier dit à son voisin :
- J'ai fait comme toi, j'ai donné de la térébenthine à mon cheval, mais il est mort sur le coup !
L'autre répond :
- Ah bon ? Le tien aussi ?!

Un fou marche dans la rue en traînant une ficelle derrière lui. Il aborde un policier :
- Bonjour, monsieur l'agent, si vous voyez l'homme invisible, dites-lui qu'il ne s'inquiète pas, j'ai retrouvé son chien...

Histoire drôle
8
Mars

Histoire drôle
9
Mars

Dans un magasin :
- Bonjour, je voudrais acheter une bouteille de vin, s'il vous plaît.
- Du vin rouge ou du vin blanc ?
- Cela n'a pas d'importance, c'est pour offrir à un aveugle !

Histoire drôle 10 Mars

- Dis-moi, papa, quand tu étais petit, recevais-tu souvent des fessées ?
- Quelquefois.
- Et ton papa, quand il était petit ?
- Probablement aussi...
- Et le papa de ton papa ?
- Bien sûr.
- Ne penses-tu pas qu'il est temps d'arrêter cette coutume ridicule ?

Histoire drôle
11 Mars

Deux copains discutent :
- Hier, au cirque, un magicien a déposé un billet de 50 euros dans ma casquette, et il me l'a remise sur la tête !
- 50 euros ! Tu as dû être content !
- Pas tellement parce que, quand j'ai enlevé ma casquette pour prendre le billet, c'est un lapin qui en est sorti !

Devinette
12 Mars

Devinette : Tu connais la blague sur le chocolat ?

(Non ? Normal, je l'ai mangé hier...!)

Devinette : Qu'est-ce qui est petit, mignon, rose en haut et vert en bas ?

(Un petit pois torse nu !)

Devinette 13 Mars

Histoire drôle 14 Mars

Maxime est avec un copain.
- Tiens, c'est normal que t'aies une chaussette rouge et une noire ?
- Ah, m'en parle pas, c'est complètement ridicule ! Et en plus, j'en ai une deuxième paire comme ça !

Histoire drôle 15 Mars

Un monsieur dit à l'un de ses collègues de bureau :
- Ça t'intéresse deux places de théâtre pour ce soir ? Moi, je ne peux pas y aller. Ma femme a invité je ne sais plus quel imbécile à dîner sans me demander mon avis... Tu les veux ?
- Non merci, répond le collègue. Ce soir, je suis pris... Je dîne chez toi !

Un citadin qui vit au village depuis quelques mois discute avec un fermier :
- Rien ne pousse, ici !
- Pourtant le sol de votre jardin a de la bonne terre, on dirait.
- Rien de rien ! répète le citadin. Pas même un radis.
- Vous m'étonnez... Vous avez planté quoi, comme graines ?
- Planté des quoi ?

Histoire drôle 16 Mars

Histoire drôle — 17 Mars

Au zoo, un petit garçon a réussi à passer son bras à travers les barreaux de la cage, et à tirer sur la queue du lion... Il tire..., il tire...
Soudain, sa mère s'affole :
- Mais enfin, Théo, qu'est-ce que tu FAIS ? Un gardien pourrait te voir !

Histoire drôle — 18 Mars

Deux enfants découvrent la ferme avec leur mère.
- Vous voyez, les enfants, dans 21 jours, des petits poussins casseront leur coquille et naîtront !
- Ah ? Mais comment ils ont fait pour entrer dans la coquille sans la casser ?

Histoire drôle — 19 Mars

Au restaurant :
- Garçon, donnez-moi la carte.
- La voici, monsieur...
- En toute confiance, que me recommandez-vous ?
- De changer de restaurant, monsieur !

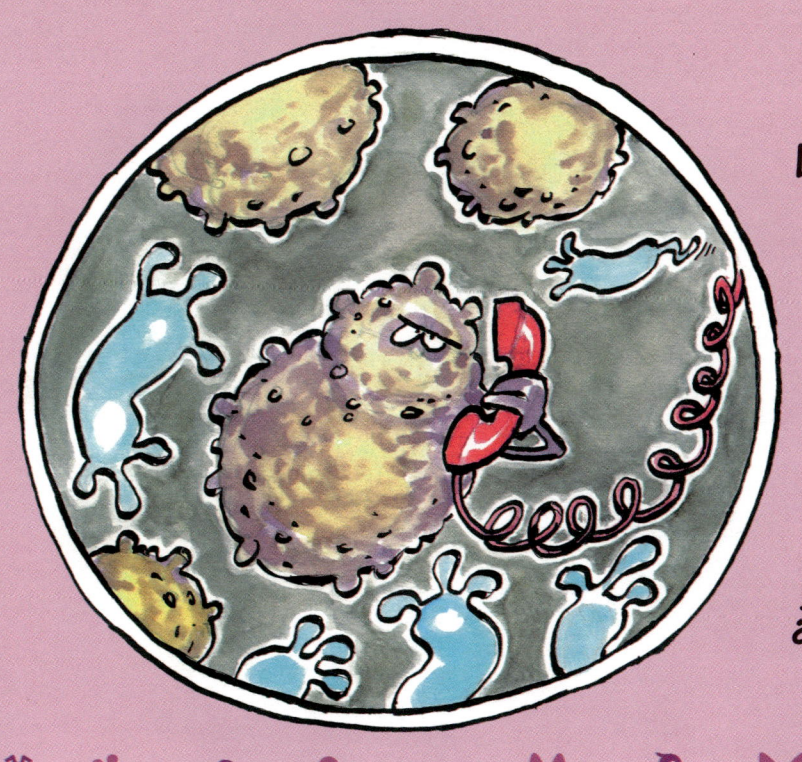

Histoire drôle
20
Mars

Le petit Tom a de la fièvre et il tousse. Le docteur vient l'ausculter avec son stéthoscope. Alors, Tom interroge :
– Vous téléphonez à mes microbes ?

Histoire drôle
21
Mars

Un fou est en train de pêcher dans un seau d'eau.
– Qu'est-ce que vous faites ? demande un passant.
– Je pêche la baleine !
– Ah ? Et... vous en avez attrapé beaucoup ?
– Pêcher une baleine dans un seau d'eau ?? Mais ça va pas la tête !

Histoire drôle
22 Mars

Une maman vampire dit à son fils :
- Et surtout, ne suce pas ton pouce !!!

- Je viens de laver les vêtements de mon fils, dit une dame à une autre dame. Maintenant, ils sont trop étroits, ils ont rétréci. Qu'est-ce que je peux faire ?
- Je ne sais pas, moi, essayez de laver votre fils !

Histoire drôle
23 Mars

Devinette
24
Mars

Devinette : Je suis noir, blanc et rouge.
Qui suis-je ?

(Un zèbre qui a pris un coup de soleil.)

Deux poissons se disputent :
- Pourquoi est-ce que tu m'as bousculé !?
- Excuse-moi, j'avais de l'eau dans les yeux...

Histoire drôle
25
Mars

Devinette :
Qu'est-ce qui fait ZZZB-ZZZB ?

(Un bourdon qui vole à l'envers.)

Devinette

26

Mars

Histoire drôle

27

Mars

La cuisinière d'un grand hôtel, trop paresseuse, vient de se faire renvoyer par le directeur. Elle prend son sac, et sort de l'hôtel, furieuse. Arrivée à la porte, elle se retourne, fouille dans sa poche, et pose un billet de 10 euros à côté du chien de l'un des clients.
- Mais enfin, qu'est-ce que vous faites ! s'énerve le directeur.
- Il a bien mérité ce petit billet. Depuis une semaine, c'est lui qui nettoie les assiettes !

Deux poissons se disputent dans un bocal :
- Pousse-toi de là, j'ai besoin d'air !

Histoire drôle

28

Mars

Un touriste tombe en panne sur une route de campagne.
Il ouvre le capot, mais ne voit que de la fumée, rien d'autre.
- Salut, t'es en panne ?
L'homme se retourne et s'aperçoit que c'est un cheval qui lui parle !
- Euh... oui... ?
- T'inquiète pas, lui dit le cheval, mets-toi au volant et tourne la clé quand je te dis que c'est bon.
Le cheval plonge la tête sous le capot, farfouille une minute et donne le signal. Le touriste tourne la clé, le moteur démarre du premier coup. Il sort pour remercier le cheval, mais celui-ci a disparu.
L'homme n'en revient pas. Il roule jusqu'au premier village, entre dans un bar, demande un café, et raconte sa drôle d'aventure au barman, qui lui demande :
- Votre cheval, là, il était de quelle couleur ?
- Euh... blanc.
- Aaaaah, OK, je comprends ! Bien, mon vieux, vous avez eu de la chance ! Si vous étiez tombé sur le cheval noir, vous seriez toujours au milieu des champs : il est complètement nul en mécanique !

Histoire drôle
29
Mars

Histoire drôle 30 Mars

La maîtresse demande :
- Vous avez 4 euros dans votre poche. Vous en perdez 2. Qu'avez-vous dans votre poche ?
Marie lève la main.
- Un trou, maîtresse !

L'infirmière arrive, un bébé dans les bras.
Le père, fou de joie, lui dit :
- Regardez comme il me ressemble ! C'est tout mon portrait, ce bébé !
L'infirmière, l'air gêné, lui répond :
- Oui, c'est vrai, mais ce n'est pas bien grave s'il n'est pas très beau ; le principal, c'est qu'il soit en bonne santé !

Histoire drôle 31 Mars

Histoire drôle
1
Avril

Avril

Un enfant, qui vient pour la première fois à la campagne, voit des bouteilles de lait abandonnées au bord d'un chemin.
- Maman ! J'ai trouvé un nid de vaches !

Histoire drôle

2 Avril

- Théo, ne mange pas avec les doigts, je te l'ai dit cent fois !
- Je ne mange pas avec les doigts, maman, je mange avec les mains !

Devinette

3 Avril

Devinette : Je fais le tour de la terre en restant dans mon coin, qui suis-je ?

(Un timbre.)

Histoire drôle 4 Avril

Un petit homme entre dans un bar.
- Excusez-moi, à qui est l'énorme chien, dehors ? J'ai l'impression que mon petit caniche l'a blessé...
- Un caniche ? Comment votre petite crevette a-t-elle pu blesser ma grosse brute !?
- Je crois que c'est quand votre grosse brute s'est étouffée en essayant d'avaler mon petit chien...

Une jeune fille passe son examen d'infirmière.
- Expliquez-moi, demande l'examinateur, ce qui provoque la transpiration ?
- Vos questions !

Histoire drôle 5 Avril

Histoire drôle 6 Avril

Maman se fâche après ses jumeaux :
- Vous allez arrêter ce bruit immédiatement et aller tous les deux au coin !
- C'est pas juste ! On ne faisait pas de bêtises, on était tranquillement en train de se bagarrer !

Histoire drôle 7 Avril

- Jeanne revient de chez le dentiste.
- Alors, est-ce que ta dent te fait encore mal ?
- Je ne sais pas, elle est restée chez le dentiste.

- Est-ce que ton chien aime les enfants ?
- Oui, mais je crois qu'il préfère les croquettes...

Histoire drôle
8
Avril

Un fou se rend chez un de ses amis :
- Docteur, bonne nouvelle, je ne suis pas malade !
- Ça tombe bien, je ne suis pas docteur !

Histoire drôle
9
Avril

Histoire drôle 10 Avril

Deux cow-boys rencontrent un Indien, allongé sur le ventre, l'oreille collée au sol. L'un des cow-boys s'arrête et dit à l'autre :
- Tu vois cet Indien ?
- Ouais.
- Regarde-le bien : il est en train d'écouter le sol. Il peut entendre des trucs à des kilomètres !

L'Indien se relève, tout poussiéreux, et dit aux cow-boys :
- Une diligence. À deux kilomètres. Deux chevaux, un blanc, un noir. Trois personnes dans diligence, assises face à grosse malle rouge.
- Incroyable ! s'exclame l'un des cow-boys. Il est même capable de donner la couleur des chevaux et de la malle !!!

L'Indien essaye d'enlever la poussière de ses vêtements en disant :
- Pas difficile : ils me sont passés dessus il y a quinze minutes !

Histoire drôle
11
Avril

- Maman, papa m'a dit que nous descendions du singe, c'est vrai ?
- Je ne sais pas, ton père n'a jamais voulu me présenter sa famille...

Histoire drôle
12
Avril

Un boxeur vient de perdre un combat.
- Mais comment as-tu pu perdre contre ce maigrichon qui ne t'arrive même pas au menton ?
- Bah, justement, ses poings y arrivaient un peu trop souvent, à mon menton...

- Je ne veux pas manger de salade !
- Mais si, ça donne plein de vitamines, tu auras de belles couleurs aux joues.
- Ah non ! Je ne veux pas avoir les joues vertes !

Histoire drôle
13
Avril

Deux sardines voient un sous-marin passer.
- Oh, regarde, des humains en boîte !

Histoire drôle
14
Avril

Devinette
15
Avril

Devinette : Quand je suis allongé, ils sont debout.
Quand je suis debout, ils sont allongés.
De qui s'agit-il ?

(Des pieds !)

Devinette : Quelle heure est-il quand un boxeur s'assoit sur ta montre ?

(Il est l'heure de t'en racheter une autre...)

Devinette
16
Avril

Devinette — 17 Avril

Devinette : Quel est le comble de la politesse ?

(Frapper à la porte du frigo avant de l'ouvrir.)

Devinette : Quel est l'animal préféré des fakirs ?

(Le hérisson.)

Devinette — 18 Avril

Histoire drôle — 19 Avril

- Garçon, quel est le plat du jour ?
- De la langue de bœuf, monsieur.
- Mmmh, non, je ne veux pas manger quelque chose qui sort de la bouche d'un animal. Apportez-moi plutôt des œufs...

Histoire drôle
20 Avril

Deux copains discutent.
- Oh, cette nuit, j'ai fait un rêve horrible !
- Ah ouais ? Raconte !
- Dans mon rêve, mon vaisseau spatial tombe sur une planète inconnue. Je sors du vaisseau quand, soudain, un énorme monstre me pourchasse !
- Ouah ! il te rattrape et il te dévore !?
- Mais non, attends ! Je me mets à courir, mais comme je suis en tenue de cosmonaute, je rebondis dans l'air et...
- Et le monstre, il te dévore !?
- Mais non ! Je me mets à voler vers une montagne, mais je me cogne à un rocher ! Je rebondis vers le monstre qui s'approche et...
- Et là, il te rattrape et il te dévore !?
- Mais non ! J'allume les micro fusées de ma tenue de cosmonaute et je repars dans l'autre sens, mais le monstre saute et...
- Et il te dévore !!!
- Mais enfin, tu es avec qui, tu es avec moi ou avec le monstre !!!?

Histoire drôle
21
Avril

Un homme très essoufflé se présente à un policier.
- Pardon, M. l'agent, vous n'auriez pas vu un camion de singes ?
- Pourquoi ? Vous en êtes tombé ?

Un élève se penche sur la copie d'un copain.
- C'est marrant, tu as exactement la même écriture que moi !
- C'est normal, je t'ai emprunté ton stylo !

Histoire drôle
22
Avril

Histoire drôle — 23 Avril

Deux chiens arrivent à la porte d'une boulangerie.
- Il y a écrit « Interdit aux chiens ». Qu'est-ce qu'on fait ?
- Bof, on entre, on fera comme si on ne savait pas lire...

Devinette : Quel est l'animal que toutes les maîtresses voudraient dans leur classe ?

(Un perroquet, pour répéter sans cesse les leçons aux élèves qui n'écoutent pas !)

Devinette — 24 Avril

Devinette
25
Avril

Devinette : On ne peut ni le voir ni le sentir, mais on l'utilise à chaque instant, sans y penser. Qui est-ce ?

(L'air...)

— Garçon ! Il y a une mouche dans ma soupe !
— Ne le dites pas trop fort, nous n'en avons pas pour tout le monde... !

Histoire drôle
26
Avril

Devinette : Je nais grande et je meurs petite. Qui suis-je ?

(La bougie.)

Devinette
27
Avril

Histoire drôle
28
Avril

- Mon chien est extraordinaire.
- Ah oui ?
- Oui : tous les matins, il m'apporte le journal.
- Mais ce n'est pas extraordinaire, ça !
- Si : je ne suis pas abonné !

Devinette : Qu'est-ce qui est blanc et super rapide ?

(Un frigo de course.)

Devinette
29
Avril

Histoire drôle
30
Avril

Un policier discute avec son coiffeur.
- Demain, je dois aller escorter le Président jusqu'à l'aéroport ! C'est moi qui serai en charge de sa sécurité !
- Oh ! vous en avez de la chance, vous allez lui parler ?
- Peut-être, je ne sais pas si j'aurai cet honneur !
- Alors je vais vous faire la plus belle coupe de cheveux que vous ayez jamais eue !
Quelques jours plus tard, le policier revient.
- Alors, demande le coiffeur, vous avez pu voir le Président ?
- Oui, il m'a même dit quelques mots...
- Ah ? C'est génial ! Que vous a-t-il dit ?
- Il m'a dit : « Mais qui diable vous a fait cette horrible coupe de cheveux !? »

Michel est en voyage dans un pays lointain.
Il se retrouve devant une superbe rivière dans la jungle.
Il demande alors au guide qui l'accompagne :
– Crois-tu que je peux me baigner ici ?
– Mais, bien entendu !
– Tu es sûr qu'il n'y a pas de piranhas ici ?
– Absolument sûr !
Michel saute alors dans l'eau
et demande au guide :
– Comment peux-tu en
être aussi certain ?
– C'est simple : il n'y
a pas de piranhas ici
parce qu'ils ont bien
trop peur des
crocodiles !

Histoire drôle
1
Mai

Mai

Une patiente est venue se faire arracher une dent chez le dentiste.
Quand c'est terminé, elle tâte avec son doigt et s'écrie, furieuse :
- Mais vous en avez arraché deux ! Et aucune n'est la bonne !
Très calme, le dentiste lui répond :
- Calmez-vous, calmez-vous, je me rapproche peu à peu...

Histoire drôle 2 Mai

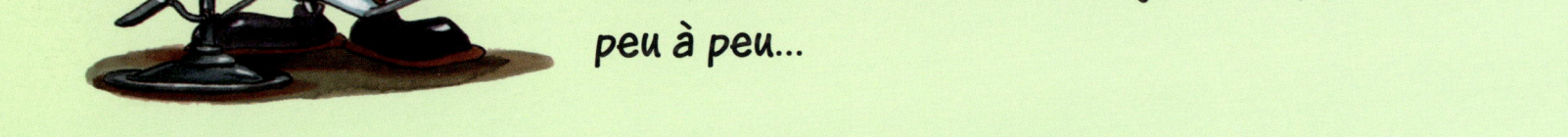

- Baptiste ! Tu es enrhumé, mets vite tes chaussettes et tes chaussons !
- Mais papa, ce ne sont pas mes pieds qui sont enrhumés !

Histoire drôle 3 Mai

Histoire drôle
4
Mai

Un homme qui a des problèmes de vue se rend chez le médecin.
- Docteur, je n'y vois presque plus, il me faut absolument des lunettes !
- Ah ? Très bien… mais ici, c'est une banque, cher monsieur…

Devinette : Est-ce que les cannibales mangent les frites avec les doigts ?

(Non, ils mangent d'abord les doigts !)

Devinette
5
Mai

Devinette

6

Mai

Devinette :
Je commence là où finit la terre, je suis immense, bleue ou verte, tu peux me toucher mais tu ne peux pas me prendre dans tes mains, et, sans y penser, je peux avaler entiers des milliers de poissons. Qui suis-je ?

(La mer.)

Histoire drôle

7

Mai

- Alors, ça s'est bien passé, ton examen de conduite ?
- Je ne sais pas...
- Mais l'examinateur avait l'air satisfait ou non ?
- Je ne peux vraiment pas te dire, ils l'ont emmené directement à l'hôpital...

Devinette
8
Mai

Devinette :
Couchée parmi mes sœurs, j'ai la tête rouge.
Si tu me frottes, j'ai la tête blanche.
Souffle sur moi, j'ai la tête noire. Qui suis-je ?

(Une allumette.)

- Nicolas, conjugue-moi le verbe manger à la première personne du singulier, au passé, présent et au futur.
- J'ai mangé... je mange... et... j'ai plus faim !

Histoire drôle
9
Mai

Histoire drôle — 10 Mai

Baptiste vient d'avoir une petite sœur. Au bout de quelques jours, il va voir sa maman :
- Luna, elle doit être anglaise, parce que je ne comprends rien de ce qu'elle raconte !

Histoire drôle — 11 Mai

- J'ai fait une bonne action aujourd'hui à l'école !
- Ah oui ?
- Oui ! Julien avait mis des punaises sur la chaise de la maîtresse, alors je lui ai enlevé la chaise juste au moment où elle s'asseyait !

Devinette — 12 Mai

Devinette : Comment sait-on qu'un fou a tapé un texte sur un ordinateur ?

(Il y a des traces de gomme sur l'écran.)

Histoire drôle 13 Mai

Baptiste pose des questions sur sa petite sœur qui vient de naître.
- Pourquoi Luna elle ne boit que du lait ?
- Parce qu'elle n'a pas de dents, elle ne peut pas manger comme nous.
- Ah... et pourquoi tu la portes tout le temps dans tes bras ?
- Parce qu'elle ne peut pas marcher.
- Elle n'a pas de JAMBES non plus ???

Le maître demande à un élève :
- Tu sais ce que c'est qu'un kangourou ?
- Oui, c'est un animal qui a une poche sur le ventre, et quand il a peur, hop, il saute dans sa poche pour se cacher !

Histoire drôle 14 Mai

Histoire drôle

15 Mai

Un maître d'école donne à ses élèves le sujet de rédaction suivant : « Si j'étais un grand chef d'entreprise, je pourrais faire... Inventez la suite. »

Tous les enfants se mettent à écrire, sauf un.
Le maître s'approche :
- Pourquoi est-ce que tu n'écris pas ? Tu n'as pas d'idées de ce que tu pourrais faire si tu étais un grand chef d'entreprise ?
- Si, bien sûr, maître. C'est juste que j'attends ma secrétaire...

Un infirmier interpelle un passant :
- Vous n'auriez pas vu le fou qui vient de s'échapper de notre asile ?
- Non, je ne crois pas, il ressemble à quoi ?
- Il est tout petit, tout maigre et il pèse 230 kilos.
- 230 kilos ! Comment peut-il peser 230 kilos s'il est tout maigre ?
- Vous n'écoutez pas ou quoi ???
Il est fou !!!

Histoire drôle
16
Mai

Histoire drôle
17
Mai

Un homme va chez son médecin.
- Docteur, je souffre affreusement des dents quand je dors. Qu'est-ce que je peux faire ?
- C'est très simple : enlevez-les avant de vous coucher !

Histoire drôle
18
Mai

Le médecin discute avec son patient.
- Mais enfin, pourquoi n'êtes-vous pas venu me voir plus tôt !?
- Je ne pouvais pas, docteur, j'étais malade !

Devinette : Quelle est la différence entre un éléphant et un papillon ?

(Un papillon peut se poser sur un éléphant, mais un éléphant ne peut pas se poser sur un papillon !)

Devinette
19
Mai

Histoire drôle
20 Mai

Un journaliste roule en taxi vers une prison, pour interroger un détenu. Arrivé devant la porte, il dit au chauffeur :
- Pouvez-vous rester ici et m'attendre quinze minutes ? Je n'en ai pas pour longtemps.
- Certainement pas ! Un autre client m'a dit de l'attendre, et il n'est ressorti que dix ans après !

Devinette — 21 Mai

Devinette : J'ai six pattes et je marche sur la tête. Qui suis-je ?

(Le pou.)

- Tu veux une crêpe au sucre ou à la confiture ?
- À la confiture. Le dentiste m'a conseillé d'éviter le sucre, pour ne pas avoir de caries... !

Histoire drôle — 22 Mai

Devinette — 23 Mai

Devinette : Si tu me bois, tu auras des moustaches ! Qui suis-je ?

(Le chocolat au lait.)

Devinette : Qu'est-ce qui est petit, noir, a six pattes et de gros biscoteaux ?

(Une fourmi qui fait de la musculation.)

Deux lapins discutent.
- Tu n'as pas peur des chasseurs, toi ?
- Moi ? Non, pas du tout, je mange des trèfles à quatre feuilles à chaque repas !

Histoire drôle — 26 Mai

À la ferme, un petit garçon accourt vers son grand-père.
- Papi ! Il y a une souris qui est tombée dans le seau de lait de la vache !
- Quelle horreur ! Tu l'as enlevée, j'espère !
- Bah, non, j'y ai mis le chat !

Devinette : Si je me nourris du vent et de l'air, je suis terrible, mais si je bois, je me noie.

Qui suis-je ?

(Le feu.)

Devinette — 27 Mai

- Mélanie, peux-tu conjuguer le verbe « voler » au futur ?
- J'irai en prison, tu iras en prison, il ira en prison...

Histoire drôle
28
Mai

Histoire drôle
29
Mai

- Papa, le bébé est en train de manger le journal !
- Ce n'est pas grave, c'est celui d'hier.

Devinette : Pourquoi les éléphants ont-ils la peau toute fripée ?

(Parce qu'il est très difficile de repasser un éléphant !)

Devinette
30
Mai

Histoire drôle
31
Mai

Dans la salle d'attente d'une maternité, un monsieur trépigne, en faisant les cent pas. Tout à coup, une infirmière entrouvre une porte. Le monsieur se précipite, et l'infirmière fait le signe «3» avec ses doigts, puis elle ressort. Le monsieur s'évanouit !...

Quand il reprend connaissance, le médecin se penche vers lui et lui dit :
- Il faut excuser notre infirmière, c'est une débutante. Elle ne voulait pas dire trois bébés d'un coup, mais seulement que votre fils pèse trois kilos...

Devinette 1 — Juin

Devinette : Qu'est-ce qui est bleu dans un pré ?

(Une vache en survêtement !)

Juin

Histoire drôle

2

Juin

La maîtresse est fâchée :
- Maxime, je ne veux plus que tu ailles à côté de Tony, il est trop mal élevé.
- Mais... maîtresse, comme je suis bien élevé, est-ce que Tony peut venir à côté de moi ?

Histoire drôle

3

Juin

Un homme est dans sa voiture, conduisant sur une route de campagne. Il croise soudain une voiture conduite par une femme qui se penche à la vitre et s'écrie :
- COCHON !!!
Furieux, il se penche aussi à la vitre en criant :
- SORCIÈRE !
Les deux véhicules continuent leur chemin, l'homme prend le virage... et rentre dans un cochon allongé au milieu de la route...

Histoire drôle

4 Juin

Le maître demande à Alexina :
- Quand je dis : « Demain il neigera »,
c'est quel temps ?
- C'est l'hiver !

Devinette : Qu'est-ce qui est plus horrible que de trouver un asticot dans la pomme qu'on est en train de manger ?

(Trouver la moitié d'un asticot dans la pomme qu'on est en train de manger !)

Devinette

5 Juin

Tom ne veut pas manger ses carottes.
- Allons, Tom, si tu manges tes carottes, tu seras beau et fort !
- Ah non, moi je veux juste être comme papa !

Histoire drôle
6
Juin

Histoire drôle
7
Juin

Alexis rentre de l'école.
- Je déteste l'anglais, je déteste l'anglais je déteste l'anglais !!!
- Allons, Alexis, c'est important d'apprendre l'anglais, tu sais. Plus de la moitié des habitants de notre planète parlent anglais aujourd'hui.
- Ah ouais ? Eh bien, justement : ils sont bien assez nombreux comme ça !

Histoire drôle

8

Juin

– Mélanie, pourquoi est-ce que tu sautes partout comme ça !?
– J'ai pris mon sirop ce matin, mais j'ai oublié d'agiter le flacon !

Histoire drôle

9

Juin

Le maître demande :
– D'après-vous, est-ce qu'on peut réellement prédire le futur en regardant les étoiles ?
Un élève lève la main.
– En regardant les étoiles, je ne sais pas. Mais il suffit que ma mère regarde mes notes sur mon livret pour qu'elle prédise exactement ce qui arrivera quand mon père rentrera à la maison...

Histoire drôle
10
Juin

Match de foot entre les Grands Animaux et les Petits Animaux. L'éléphant marque un but, le rhinocéros aussi, il y a 2-0 à la mi-temps.

La deuxième mi-temps commence, l'éléphant a le ballon quand soudain il trébuche, le ballon file et un but est marqué par les Petits Animaux. Le rhinocéros récupère la balle, il trébuche, et un autre but est marqué par l'équipe adverse. L'hippopotame reprend le ballon, mais il est envoyé à cinq mètres par un mur invisible, et encore un but mystérieux est marqué. Fin du match, 3-2, les Petits Animaux ont gagné.

Leur entraîneur demande :
- Qui a arrêté l'éléphant ?
- C'est moi, dit le mille-pattes.
- Ah oui ? Et qui a arrêté le rhino et l'hippopotame ?
- C'est moi aussi, chef, répond le mille-pattes.
- Alors que diable faisais-tu pendant la première mi-temps !?
- Euh... je finissais de mettre mes chaussures, chef...

Histoire drôle

11 Juin

Un oisillon voit la neige tomber pour la première fois.
- Oh ! regarde, maman, les nuages perdent leurs plumes !

- Maman, ça sert à quoi, les vaches ?
- Oh ! elles sont très utiles : elles donnent du lait et de la viande rouge, par exemple.
- Ah ? Elles donnent des frites aussi ?

Histoire drôle

12 Juin

Histoire drôle — 13 Juin

- Docteur, je ne sais pas ce qu'il m'arrive. Le matin, mon dos me fait un mal de chien. À midi, j'ai tellement faim que je mange comme une vache, et le soir, je suis tellement fatigué que je dors comme un ours. Qu'est-ce que je peux faire ?
- Bof, allez voir un vétérinaire !

Histoire drôle — 14 Juin

Deux extraterrestres observent un feu rouge.
Au bout de quelques minutes, le feu passe au vert.
- Hé, regarde ! Cet humain vient de me faire un clin d'œil !

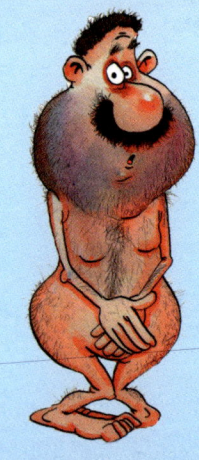

Histoire drôle — 15 Juin

La maîtresse explique :
- Les animaux ont des poils pour se protéger du froid. C'est pour ça qu'ils ne portent pas de vêtements.
- C'est pas vrai ! Mon papa, il a des poils partout et il met quand même des habits !

Un gamin frappe à la porte.
- Bonjour, madame, j'ai quelque chose à récupérer dans votre garage, est-ce que vous pouvez me l'ouvrir ?
La dame accompagne le gamin et constate que l'une des fenêtres du garage est cassée, trouée par un objet de la taille d'un ballon.
Le gamin récupère un ballon de foot qui traîne par terre, au milieu de bouts de verre.
- Hé ! s'écrie la dame. Comment tu penses que cette balle est arrivée dans mon garage, petit ?
- Oh, facile, elle a dû passer pile par ce trou dans la fenêtre, sans rien casser ! On a eu de la chance, hein ?

Histoire drôle
17 Juin

- Tu vas à l'école, maintenant que tu es grand ?
- Oui, oui.
- Et tu aimes y aller ?
- Oui, j'aime bien y aller. J'aime bien en repartir aussi. C'est ce qu'il y a entre les deux que je n'aime pas trop...

Devinette : Comment appelle-t-on un lapin un peu sourd ?

(LAAAAPIIIIIIIIN !!!)

Devinette
18 Juin

Un gars hèle un chauffeur de taxi :

Histoire drôle
19 Juin

- Voulez-vous me faire faire le tour du quartier au ralenti, je ne sais plus où j'ai garé ma voiture.

Histoire drôle — 20 Juin

La maîtresse demande :
- Si tu avais six biscuits, et que tu doives en donner la moitié à Aurélie, combien te resterait-il de biscuits ?
- Six !
- Mais non, voyons, tu n'as pas réfléchi !
- Si, j'ai réfléchi : il n'est pas question que je donne des biscuits à Aurélie !!!

Histoire drôle — 21 Juin

Un patient s'inquiète.
- Docteur, je dois avoir un gros problème de vue : Le matin, j'y vois parfaitement bien. À midi je commence à voir double, et le soir, je n'y vois plus rien du tout, et j'ai très mal à la tête.
Le médecin réfléchit.
- Mmmh... Quel est votre métier ?
- Euh... je vends du vin...

Devinette : Qu'est-ce qu'une limace ?

(C'est un escargot en train de déménager.)

Devinette
22
Juin

- Jérémy, pourquoi est-ce que tu n'as pas fait tes devoirs ???
- Euh... maître, je me suis battu avec un autre élève.
- Ah oui ? Et c'est une excuse pour ne pas faire ses devoirs ?
- C'est-à-dire que je me suis battu avec lui parce qu'il disait que vous n'étiez pas le meilleur maître de l'école, le plus gentil et le moins sévère et le plus cool et...

Histoire drôle
23
Juin

Histoire drôle 24 Juin

Un homme veut absolument se débarrasser du chat de son épouse.

Il le prend dans sa voiture, et l'emmène à 20 km de chez lui, puis il rentre.

Quand il arrive, le chat est là !

Le lendemain, il l'emmène à 40 km de chez lui, et il rentre.

Quand il arrive, le chat est encore là !

Toute la semaine, il l'emmène de plus en plus loin, par des chemins de plus en plus compliqués, mais rien à faire, chaque fois qu'il revient chez lui, le chat est là...!

Un matin, il décide de l'emmener à plus de 1000 km, en utilisant un chemin très tordu pour que le chat ne puisse plus revenir. Puis il reprend la route pour rentrer.

Des heures plus tard, l'homme appelle son épouse.

- Chérie, est-ce que le chat est là ?
- Bien sûr, il est sur le canapé en train de dormir. Pourquoi ?
- Réveille cet imbécile et passe-le moi, je suis perdu, j'ai besoin qu'il me donne le chemin pour rentrer !

Histoire drôle
25
Juin

- Docteur ! Docteur ! Mon fils a avalé mon stylo, qu'est-ce que je fais ???
- Utilisez un crayon à papier le temps que j'arrive !

- Qui c'est, la jeune dame, sur cette photo ?
- C'est ta grand-mère, Coralie.
- C'est mamie quand elle était neuve !?

Histoire drôle
26
Juin

Histoire drôle

27 Juin

- Bamba, si 1+1=2 et que 2+2=4, combien font 4+4 ?
- Eh, c'est pas juste ! Vous répondez aux questions faciles et vous nous laissez les plus dures !

Devinette : Comment peut-on savoir où est la tête d'un ver de terre et où est sa queue ?

(Facile, il suffit de chatouiller le milieu du ver et le côté qui rigole, c'est sa tête !)

Devinette

28 Juin

Histoire drôle 29 — Juin

- Pépé, tu ne veux pas que je t'apporte tes lunettes ?
- Pour quoi faire ? Je n'ai pas besoin de lunettes pour regarder la télé, tout de même !
- Si, pépé, parce que là, ça fait une demi-heure que tu regardes le four...

Histoire drôle 30 — Juin

POUR ÊTRE UN CHAT, RÈGLE N°1 : Peu importe la bêtise que tu as faite, essaie toujours de faire en sorte qu'on accuse le chien !

Devinette
1
Juillet

Devinette :
Qu'est-ce qui a trois bosses ?

(Un chameau qui s'est cogné !)

Juillet

Histoire drôle

2 Juillet

- Pierre ! c'est toi qui as appris tous ces gros mots à ta petite sœur ?
- Non, maman. Je lui ai juste fait apprendre par cœur les mots que l'on n'a pas le droit de dire.

Histoire drôle

3 Juillet

- Docteur, j'ai l'impression que je suis deux personnes.
- Ne parlez pas tous les deux en même temps, s'il vous plaît !

Histoire drôle 4 Juillet

Tim et Théo sautent sur leur lit, qui finit par casser sous leur poids.
La maman se fâche :
- Vous serez privés de télé pendant deux semaines !
- Hé ! c'est pas juste, proteste Théo. J'étais en l'air quand le lit a cassé !

Un homme passe la douane dans sa voiture. Le douanier lui demande :
- Bijoux ? Cigarettes ? Alcool ?
- Oh non, merci, réplique le monsieur, je prendrai juste un petit café, s'il vous plaît...

Histoire drôle 5 Juillet

Devinette — 6 Juillet

Devinette : Quelle est la différence entre un asticot et une pomme ?

(Vous avez déjà goûté une tarte aux asticots ???)

Histoire drôle — 7 Juillet

- Dis, maman, tu es sûre qu'hier j'ai bien eu 5 ans ?
- Bien sûr, mon chéri, pourquoi ça ?
- Parce que je ne comprends pas : je n'arrive toujours pas à allumer la lumière sans me mettre sur la pointe des pieds !

Histoire drôle
8
Juillet

La maîtresse se fâche.
- Maëlle, arrête de parler sans cesse !
- Mais, maîtresse, je ne parle pas, j'ai juste beaucoup de choses à dire, c'est tout !

Histoire drôle
9
Juillet

Un paysan traversant son verger aperçoit un jeune garçon grimpé dans l'un de ses pommiers.
- Descends tout de suite ou ça va chauffer pour tes oreilles, petite canaille !!!
- Mais, monsieur, je ne fais rien de mal ! Une pomme était tombée et j'essayais de la raccrocher !

Histoire drôle
10
Juillet

- Alors, Laura, qu'est-ce que tu as appris à l'école cette année ?
- J'ai appris à parler à ma voisine sans remuer les lèvres !

- Tu connais la nouvelle : les Américains se sont posés sur la Lune !
- Non ! C'est pas possible ? Tous ?!

Histoire drôle
11
Juillet

Histoire drôle — 12 Juillet

Un homme postule pour un emploi.
- Bonjour, je suis boxeur et je voudrais être engagé par vous.
- Mmmh... vous êtes boxeur ? Et où s'est déroulé votre dernier combat ?
- Dans un bureau comme le vôtre. Le gars ne voulait pas m'engager... !

Histoire drôle — 13 Juillet

- Samy, combien font 2+2 ?
- 4, maître.
- C'est bien.
- BIEN ??? BIEN ??? Mais non ! C'est EXCELLENT !!!

Histoire drôle
14
Juillet

Qu'est-ce qui fait trois mètres de haut, qui a quatre mâchoires, vingt-cinq paires d'antennes et quatre-vingts griffes pointues ?
- Je ne sais pas, mais COURS !!!

Devinette : Quelle est la meilleure main pour écrire ?

(Aucune ! Pour écrire, il vaut mieux utiliser un stylo !)

Devinette
15
Juillet

Devinette 16 Juillet

Devinette : Que s'est-il passé quand le vétérinaire a mis la tête dans la gueule du lion pour savoir combien de dents le lion avait ?

(Le lion a refermé la gueule pour voir combien de têtes le vétérinaire avait...)

Le maître à ses élèves :
- Notez dans vos cahiers :
Il y a 206 os dans le corps humain.
Un élève sursaute.
- Waw, il ne faut surtout pas que mon chien apprenne ça !

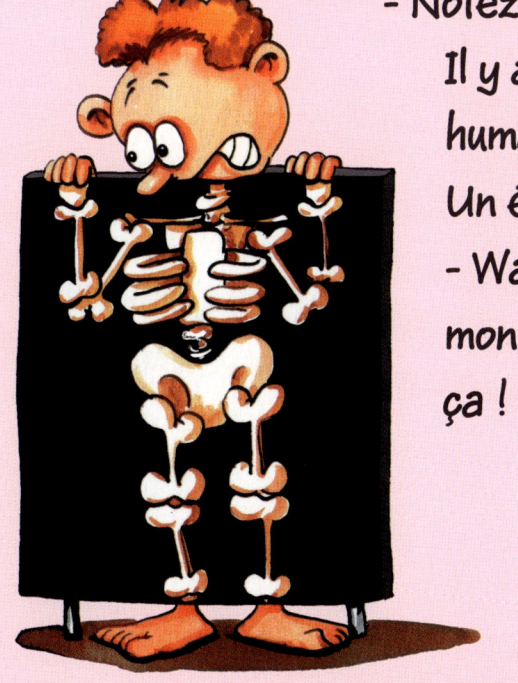

Histoire drôle 17 Juillet

- Docteur ! Je viens de me faire mordre la jambe par un loup-garou !
- Mon pauvre ! Est-ce que vous avez mis quelque chose sur votre jambe ?
- Euh... non, docteur, il a semblé l'aimer comme ça, sans assaisonnement...!

Histoire drôle 18 Juillet

- Alors, comment la maîtresse a trouvé tes devoirs ?
- Elle a été douce comme un agneau.
- Ah oui ?
- Oui. Elle a regardé ma feuille, elle a fait une grimace et elle a dit « Bêêêêêêêhhhh ! »

Histoire drôle 19 Juillet

Devinette
20
Juillet

Devinette : Qu'est-ce qui est vert à l'extérieur et jaune à l'intérieur ?

(Une banane déguisée en concombre !)

- Docteur, je fais tout ce qu'on me dit, j'ai l'impression d'être un mouton...
- Maiiiiis pourquoiiiiii, c'est trop bêêêêêêêête !

Histoire drôle
21
Juillet

Devinette
22
Juillet

Devinette : Qu'est-ce qui est petit, pelucheux, qui monte aux arbres et qui est tout violet ?

(Un koala qui retient sa respiration !)

Histoire drôle
23
Juillet

Le docteur à son patient :
- Alors, vous prenez bien les pilules que je vous ai prescrites pour vos problèmes de mémoire ?
- Quelles pilules ?

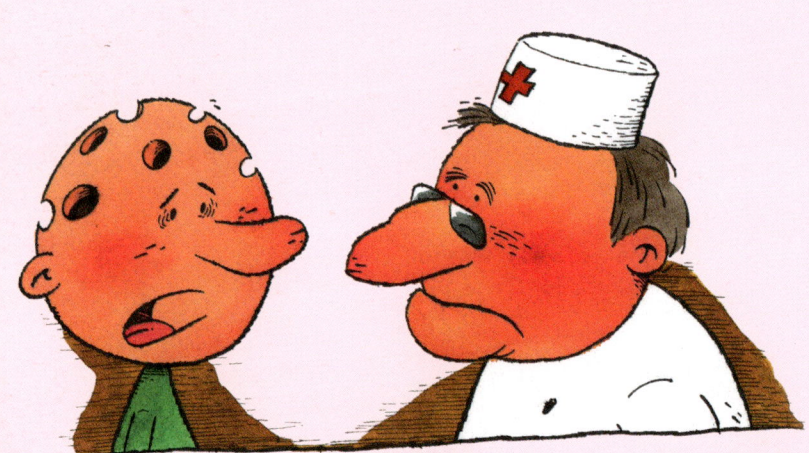

MONSTRUEUSE DEVINETTE : Où vivent les monstres les plus propres ?

(Au fond de ton bain !)

Devinette
24
Juillet

Un jeune fermier renverse accidentellement sa charrette de maïs. Un autre fermier arrive et propose de l'aider. Le jeune est désolé, il ne cesse de répéter :
- Mon père ne va vraiment pas être content !
- Allons, petit, ce n'est pas grave. Viens dans ma ferme, on va manger un bon repas, et on reviendra cet après-midi pour relever ta charrette.
- J'aimerais bien, mais je ne crois pas que mon père serait très content...
- Bon, OK, tu n'as qu'à venir avec moi, on ne mangera pas, mais on boira un coup, puis on reviendra dans une heure pour relever ta charrette.
- Je vous suis... mais mon père ne va vraiment pas être content.
Le fermier est agacé.
- Pourquoi ça ? Les accidents, ça arrive ! Il est où, ton père, d'abord ?
- Mon père ? Il est sous la charrette...

Histoire drôle
25
Juillet

Histoire drôle — 26 Juillet

Un escargot entre dans un bar.
Le barman le voit et, sans explication, l'attrape et lui donne un coup de pied qui l'envoie voler à travers la porte.
Un an plus tard, le même escargot revient. Il se plante devant le barman et s'écrie :
- Mais pourquoi diable avez-vous fait ça !

Devinette : Pourquoi le soleil est-il si brillant ?

(Parce qu'il écoute bien en classe et qu'il fait tous ses devoirs !)

Devinette — 27 Juillet

PRRRRTTT !!!

Le médecin demande :
- Infirmière, quelles sont les nouvelles de la petite fille qui avait avalé un billet de 5 euros hier ?
- Aucune, docteur, elle ne nous a même pas rendu la monnaie !

Le maître demande :
- Quel est le pluriel de « un cheval » ?
- Des chevaux !
- Très bien. Quel est le pluriel de « un bébé » ?
- Des jumeaux !

Histoire drôle
30
Juillet

- Garçon ! Pourquoi ce chien ne me quitte-t-il pas des yeux !?
- Je ne sais pas, monsieur. Peut-être parce que nous vous avons donné à manger dans l'assiette dans laquelle il mange habituellement ?

Histoire drôle
31
Juillet

Le maître se désespère de la coiffure d'un de ses élèves :
- Comment se fait-il que tu ne te peignes jamais avant de venir à l'école ?
- Pas de peigne, maître.
- Alors emprunte celui de ton papa !
- Pas de cheveux, maître !

Août

Trois amis se perdent dans le désert. Au bout de trois jours, épuisés et assoiffés, ils arrivent à une oasis où un vieil homme les accueille.

- Bonjour, messieurs. Je vois que vous avez soif. Prenez un rafraîchissement !

Il leur donne une bouteille d'eau à chacun et leur dit :

- Maintenant, vous pouvez vous baigner dans cette piscine magique.
- Magique ? répète l'un des trois amis, étonné.
- Oui, magique : sautez du plongeoir en criant bien fort l'objet de vos désirs, et vous plongerez dans ce que vous aurez désiré.

Le premier des garçons court vers le plongeoir, et saute en criant : « LIMONADE ! »
Et il plonge dans un bain de limonade délicieusement fraîche.
Le deuxième garçon saute en criant : « GLACE AU CHOCOLAT ! »
Et il plonge dans un bain gourmand de crème glacée au chocolat.
Le troisième s'élance, mais au moment de sauter il trébuche et s'écrie :
« Oh ! PUNAISE ! »

Histoire drôle

1

Août

Histoire drôle **2** Août

- Docteur, il y a l'homme invisible dans votre salle d'attente !
- Mmmh... Dites-lui que je ne peux pas le voir maintenant...

Deux jeunes filles discutent :
- Mon fiancé m'a demandé mon âge et là, brusquement j'ai eu un « trou » : impossible de me rappeler si c'est 25 ou 26 ans.
- Que lui as-tu dit, alors ?
- J'ai dit 19 ans...!

Histoire drôle **3** Août

Histoire drôle 4 Août

Une dame s'énerve après son mari :
- Tu as encore mis tes mains sales partout !
- Ce n'est pas vrai, répond le mari. Je me suis lavé les mains juste avant de réparer le moteur de la voiture !

Docteur, est-ce que vous avez quelque chose pour un gros mal de tête ?
- Bien sûr, prenez un bon marteau, tapez-vous la tête avec, et là, vous aurez un bon gros mal de tête !

Histoire drôle 5 Août

6 Août — Histoire drôle

- Je viens de lire dans le journal combien c'est mauvais de manger trop de bonbons et de friandises. Alors je me suis dit : « Cette fois, ça suffit ! »
- Tu arrêtes de manger des bonbons ?
- Non. J'arrête de lire le journal !

7 Août — Devinette

MONSTRUEUSE DEVINETTE :
Où vivent les monstres les plus paresseux ?

(Sous ton lit !)

Histoire drôle 8 — Août

Deux hommes ivres décident de chasser dans la forêt. L'un d'eux s'écrie :
- Hey ! Je vois deux oiseaux !
- Waw ! Cool ! Tire, vas-y, tire !
- Mais lequel je vise ???
- Hmmm... prends encore une gorgée ou deux, répond l'autre en tendant une bouteille.
- Hey ! Maintenant j'en vois trois !
- Super ! Vise celui du milieu !

Histoire drôle 9 — Août

Un vendeur dit à son client mécontent :
- Mais je vous assure, monsieur, que vous êtes le premier de mes clients à venir vous plaindre pour un parachute qui ne s'est pas ouvert !

Devinette — 10 Août

MONSTRUEUSE DEVINETTE :
Qu'est-ce qui est grand et moche et qui porte des lunettes de soleil ?

(Un monstre en vacances !)

Histoire drôle — 11 Août

- Docteur, je me prends pour un cheval de course !
- Tenez, prenez ces pilules tous les quatre tours de piste.

Histoire drôle — 12 Août

Un chanteur passe une audition pour un spectacle. Le directeur de l'opéra le reçoit, l'écoute chanter, et secoue la tête.
- Je suis désolé, monsieur, mais je ne peux pas supporter les gros mots dans mon opéra.
Le chanteur est étonné.
- Mais... je n'ai pas dit de gros mots !
- Vous, non. Mais si je vous engage et que vous chantez devant des gens, ils vous diront certainement beaucoup de gros mots... !

Histoire drôle 13 Août

- Docteur, j'ai des migraines terribles depuis un an, je n'en peux plus.
- Oh... vous savez, il n'y a pas grand-chose à faire, aucun médicament n'est vraiment efficace contre le mal de tête. Mais je peux vous donner un conseil : quand j'ai la migraine, je rentre chez moi, je prends un bain très froid dans ma baignoire, puis je sors de l'eau, je m'essuie avec ma grande serviette, je mets des vêtements frais et je vais manger tout ce qu'il y a dans mon frigo.
Ensuite, je m'allonge dans mon canapé, et je fais une bonne sieste.
Essayez ça, et revenez me voir la semaine prochaine.
Un semaine passe, et le patient revient.
- Oh, docteur, c'est magique, vraiment ! J'ai eu quatre migraines cette semaine, et j'ai fait exactement ce que vous m'avez dit, et c'est passé !
- Aaaah, je suis content que ça vous ait guéri !
- Moi aussi. Et en plus, je voulais vraiment vous dire que votre maison est trèèèès confortable !

Histoire drôle **14** Août

– Regardez là-bas, la personne avec les cheveux blonds et le nez de travers... C'est un garçon ou une fille ?
– C'est MA fille.
– Votre fille ? Oups, excusez-moi, je ne savais pas que vous étiez son père.
– Je ne suis pas son père ! Je suis sa MÈRE !

Histoire drôle **15** Août

– Docteur, je crois que je suis une petite cuillère à café.
– Mmmmh... Asseyez-vous près de ma tasse et ne touillez pas trop fort.

Histoire drôle 16 Août

Le père en colère :
- Non mais, tu as vu tes notes, Maxence ! C'est lamentable. Je voudrais bien savoir si ton copain Adrien rentre chez lui avec des 0 et des 5 sur 20 sur son carnet de notes !
- Non, mais lui c'est différent, ses parents sont intelligents...

Deux enfants discutent :
- Comment ça se fait que tu dises à tout le monde que je suis un idiot !???
- Oups, je suis désolé... je ne savais pas que ça devait rester secret...!

Histoire drôle 17 Août

Histoire drôle — 18 Août

Tom dit à sa maman :
- Dis, maman, t'as vu ? J'ai donné un sucre au chien parce qu'il a bien nettoyé son assiette !
- Sois gentil, mon chéri, va donner deux sucres à ton père, il fera peut-être le reste de la vaisselle...

Histoire drôle — 19 Août

Petit Ogre se plaint :
- Je n'aime pas la maîtresse.
Maman Ogre soupire :
- Laisse-la sur le côté de ton assiette, et mange tes légumes, alors...!

Devinette — 20 Août

Devinette : Comment les fous éteignent-ils la lumière, le soir ?

(En fermant les yeux !)

Histoire drôle
21
Août

– Imaginez : vous êtes policier, et vous devez arrêter votre propre mère. Que feriez-vous ?
– Ouh là. J'appelle des renforts !!!

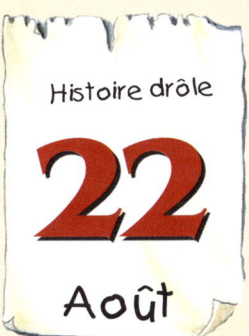

Histoire drôle
22
Août

Un serpent va voir le docteur Léphant.
– Docteur, je n'y vois plus clair du tout, ma vue a terriblement baissé, c'est insupportable.
– Ne vous inquiétez pas, vous allez mettre ces lunettes et tout ira mieux.
Le serpent s'en va, et revient le lendemain.
– Docteur, je suis affreusement déprimé depuis hier soir.
– Pourquoi donc ? Les lunettes ne vous conviennent pas ?
– Ce n'est pas ça, c'est juste que je viens de me rendre compte que mon meilleur ami depuis deux ans est en fait un tuyau d'arrosage...

Histoire drôle 23 Août

Le maître demande :
- Les enfants, savez-vous ce qu'est un volcan ?
Un élève lève la main.
- Oui, je sais : un volcan, c'est une grosse montagne qui a le hoquet !

Un homme entre dans un bar. Il ne reste qu'une place libre à côté d'un gars qui a un chien endormi à ses pieds.
- Excusez-moi, est-ce que cette place est libre ?
- Oui.
- Est-ce que votre chien mord ?
- Mon chien ? Non.
L'homme s'assoit, et se fait mordre immédiatement par le chien.
- Aïe ! Vous m'avez dit que votre chien ne mordait pas !!!
- Le mien, non. Mais celui-là, c'est pas mon chien !

Histoire drôle 24 Août

Histoire drôle
25
Août

Le pharmacien au client :
- Ah non, monsieur, je ne peux pas vous donner de l'arsenic comme ça, il vous faut une ordonnance ! C'est un poison très dangereux !
- Et si je vous montre la photo de ma belle-mère, ça va ?

- Mon fils est parfait.
- Ah oui ?
- Oui. C'est le fils rêvé, vraiment.
- Est-ce qu'il ne mange pas des bonbons tout le temps ?
- Non.
- Il ne boit pas trop de boissons sucrées ?
- Non plus.
- Il n'arrive pas tout le temps en retard à l'école ?
- Non. Parfait, je vous dis.
- Apparemment, oui, vous avez le fils parfait. Il a quel âge ?
- Il vient d'avoir 6 mois...

Histoire drôle
26
Août

Un chat perdu dans la forêt tombe soudain sur une petite maison au toit rond et pointu. Il entre et rencontre un homme qui lui dit :

- Bonjour, je suis un magicien. Si tu as trouvé ma maison, c'est que tu es désespéré. Je t'accorde un vœu. Réfléchis bien, tu n'en auras pas deux.

Le chat réfléchit une seconde et répond :

- Toute ma vie j'ai vécu dans une famille pauvre, dormant sur le plancher d'un vieux grenier. Je voudrais un endroit confortable pour me reposer.

Le magicien fait apparaître un oreiller douillet.

- Repose-toi maintenant.

Le chat s'endort.

Le lendemain, six souris trouvent la maison du magicien.

- Bonjour, leur dit-il, si vous avez trouvé ma maison, c'est que vous êtes désespérées. Je vais vous accorder un vœu. Réfléchissez bien, il n'y en aura pas deux.

- C'est simple, dit une souris. Toute notre vie nous avons dû courir pour échapper au chat. Nous voudrions des patins à roulettes pour ne plus avoir à courir.

- Exaucé !

Les souris roulent à toute vitesse dans la maison, heureuses et comblées.

Le lendemain, le magicien va voir le chat, sur son oreiller.

- Alors, tout va bien, cher matou ?

Le chat s'étire.

- Oui, c'est un vrai bonheur, ce coussin. Et le repas sur roulettes que vous m'avez envoyé était vraiment délicieux !

Histoire drôle
27
Août

Histoire drôle 28 Août

- Docteur, il faut m'aider, je n'arrête pas de m'énerver après tout le monde.
- Mmmh... Parlez-moi de ce problème...
- JE VIENS JUSTE DE LE FAIRE, ESPÈCE DE CRÉTIN !!!

Le maître écrit au tableau : « Je ne m'ai pas amusé depuis 6 mois. »

Puis il demande :
- Comment dois-je corriger cette phrase ?

Théo lève la main.
- Vous pourriez aller au cinéma avec des copains ?

Histoire drôle 29 Août

Devinette : Qu'est-ce qui est noir et jaune, qui bourdonne et qui se promène au fond des océans ?

(Une abeille dans un sous-marin !)

Devinette
30
Août

Histoire drôle
31
Août

Un homme dont la femme est enceinte appelle l'hôpital d'urgence.

- Ma femme va accoucher, envoyez-moi une ambulance ! Vite ! Ses contractions ont commencé !
- Est-ce que c'est son premier enfant ?
- Mais non, imbécile, c'est son mari qui vous appelle !!!

Trois amis vont chasser à la campagne. Le premier dit :
- Ne bougez pas, je reviens !
Dix minutes après, il réapparaît, avec un canard dans son sac.
- J'ai vu des traces, j'ai suivi les traces, et j'ai tué ce canard !
Le deuxième dit :
- À mon tour !
Il revient dix minutes plus tard avec un lapin.
- J'ai vu des traces, j'ai suivi les traces, et j'ai tué le lapin !
Le troisième s'en va à son tour, et revient dix minutes plus tard, les vêtements tout déchirés, et des égratignures partout. Ses deux amis sont horrifiés.
- Que s'est-il passé !?
- J'ai vu des traces, j'ai suivi les traces...
et je me suis fait rouler dessus
par un tracteur !

Histoire drôle

1

Septembre

Septembre

Histoire drôle 2 Septembre

Un géant de 10 ans rentre de l'école avec un bulletin de notes lamentable.
Son père se fâche très fort :
- Dès que j'ai retrouvé l'échelle, je te tire les oreilles !

- C'était comment, ton premier jour d'école ?
- Oh, c'était vraiment sympa. Y a juste un gars qui s'appelle « Maître » et qui n'arrêtait pas de nous embêter pendant qu'on s'amusait.

Histoire drôle 3 Septembre

Histoire drôle 4 Septembre

Un milliardaire collectionne les crocodiles vivants. Il les garde dans la piscine de sa propriété. Ce milliardaire possède aussi une fille, encore célibataire. Un jour, lors d'une grande réception dans sa villa, il annonce :
- Mes chers amis, j'ai une proposition à faire à tous les hommes ici présents : Je donnerai ma fille en mariage à l'homme qui sera capable de traverser ma piscine remplie de crocodiles à la nage, et de ressortir sain et sauf !
On entend alors un grand « SPLASH », et tout le monde regarde un gars nager à travers les crocodiles. Naturellement, la foule encourage le gars, et, finalement, le nageur parvient à l'autre extrémité de la piscine sans être blessé.
Le milliardaire s'écrie :
- Fantastique ! Je n'aurais jamais cru ça possible ! Un homme aussi courageux fera un bon mari pour ma fille !
Le gars répond :
- Laissez tomber. Je suis déjà marié ! Mais, en revanche, je voudrais bien savoir quel est le CRÉTIN qui m'a poussé dans la piscine !

- Est-ce que vous dites une prière avant de manger, chez toi ?
- Non, ça va, ma mère est une bonne cuisinière !

Histoire drôle 5 Septembre

Histoire drôle 6 Septembre

Le policier demande à la victime d'un cambriolage :
- Si toutes les sorties étaient surveillées, comment le voleur a-t-il pu s'échapper?
- Il est parti par l'entrée.

Histoire drôle 7 Septembre

Papa apprend la politesse à son fils.
- Bon. Si tu marches sur le pied d'une dame, qu'est-ce que tu dois faire ?
- Je demande pardon ?
- Très bien. Et si cette dame te donne un euro parce que tu as été très poli ?
- Euh... Facile ! Je lui marche sur l'autre pied !

Histoire drôle
8
Septembre

- Docteur, j'ai un problème : je ne me souviens jamais de ce que je dis aux gens !
- Mmmh... Quand est-ce que ce problème a commencé ?
- Quel problème ?

Deux fermiers du début du siècle discutent à la campagne.
- Est-ce que tu frottes toujours des morceaux de bois et de la paille pour allumer le feu ?
- Ouaip.
- Y a des gars à la ville qui m'ont montré un nouveau truc, regarde !

Histoire drôle
9
Septembre

Il prend un petit bâton avec un bout rouge et le frotte sur son pantalon, et le petit bout de bois s'enflamme.
- Ça s'appelle une « allumette », ça t'intéresse ?
- C'est sympa, mais c'est pas bon pour moi : je ne peux quand même pas faire 20 km pour t'emprunter ton pantalon chaque fois que je veux allumer un feu !

Histoire drôle — **10** Septembre

Mathias rentre de l'école en pleurant.
- Que se passe-t-il ? demande sa mère.
- Je me suis blessé le pied en jouant au foot ce matin.
- Ce matin ? Et tu pleures maintenant ?
- Je n'avais pas le temps de pleurer à l'école, je jouais au foot !!!

Devinette — **11** Septembre

Devinette : Pourquoi les tomates sont petites et rouges ?

(Parce que, si elles étaient longues et vertes, ce serait des concombres !)

Histoire drôle
12 Septembre

- Est-ce que ton papa ronfle beaucoup ?
- Non, seulement quand il dort !

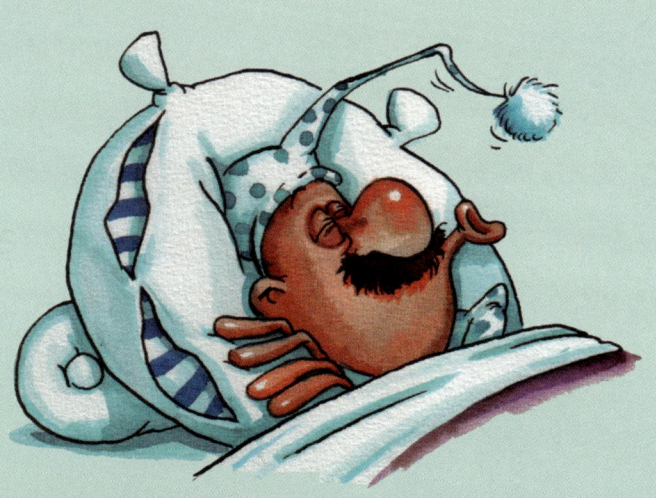

Un enfant va chez le dentiste. Il s'allonge sur le siège, et attrape les cheveux du dentiste.
- Euh... tu es en train de me tirer les cheveux, petit...
- Oui... et donc on va bien faire attention à ne pas se faire de mal, tous les deux, OK...?

Histoire drôle
13 Septembre

En classe, le maître fait une leçon d'histoire :
- Nous avons donc vu que notre pays était dirigé par un roi de droit divin. Mais, pour l'Église du Moyen Âge, il existait un pouvoir plus fort encore que celui des rois et des reines. Savez-vous quel était ce pouvoir ?
Un élève lève timidement la main.
- Les As ?

Histoire drôle
14
Septembre

Histoire drôle
15
Septembre

La petite Susie décide d'aider sa mère à mettre la table pour les invités. Elle fait une jolie table, avec les couverts, les assiettes, de belles serviettes, de beaux verres. Quand les invités arrivent, l'un d'eux reste debout : il n'a ni chaise ni couvert ! La maman sourit.
- Susie, voyons, tu as oublié l'assiette et la chaise de tonton Alain !
- Je n'ai pas oublié, maman, tonton n'en aura pas besoin : papa dit toujours qu'il mange comme un cochon... !

Histoire drôle — 16 Septembre

C'est l'anniversaire du père de Manon.
- Manon, tu sais ce qui me ferait le plus plaisir pour mon anniversaire ? C'est que tu travailles bien à l'école.
- Trop tard, papa, je t'ai déjà acheté une cravate !

Histoire drôle — 17 Septembre

La maîtresse pose une question :
- Denis, explique-moi comment tu fais pour trouver le résultat de 140 divisé par 10 ?
- Facile, maîtresse : je demande à quelqu'un de bon en maths !

Histoire drôle
18
Septembre

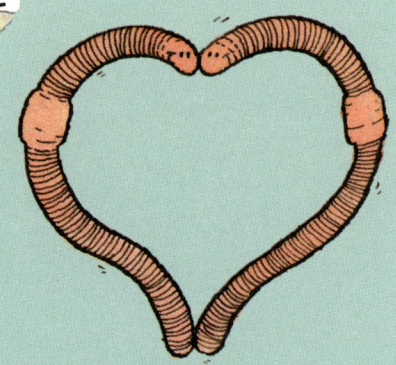

Baptiste et Maxime viennent d'avoir une lecture sur l'arche de Noé. En sortant de classe, ils discutent :
- Tu sais, dit Baptiste, il ne devait pas beaucoup pêcher, Noé.
- Ah ouais ? Pourquoi ?
- Bah... il n'avait que deux asticots... !

Histoire drôle
19
Septembre

- Garçon ! Que fait cette mouche dans ma soupe !?
- Apparemment, elle nage, monsieur.
- Ah oui ! Et rien ne vous choque ?
- Euh... elle n'a pas son maillot de bain ?

Histoire drôle — 20 Septembre

– Tu sais, tu serais un excellent danseur s'il n'y avait pas ces deux choses...
– Quelles deux choses ?
– Tes pieds !

Histoire drôle — 21 Septembre

Manu demande à son père de l'aider pour sa leçon de calcul.
– Bon ! Manu, tu achètes deux crayons pour 4 euros... Comment fais-tu pour savoir le prix d'un crayon ?
– Ben... euh... je regarde le ticket de caisse ?

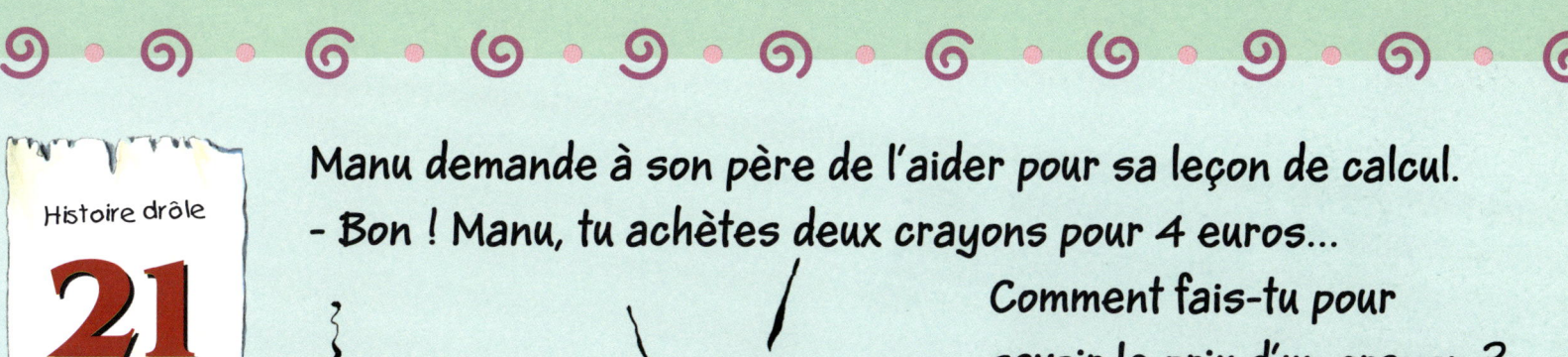

Histoire drôle — 22 Septembre

La maîtresse demande :
- Savez-vous quel légume peut faire pleurer ?

Un élève lève la main.
- Les haricots verts ! Chaque fois que ma mère m'en donne, je pleure pour pas les manger !

Histoire drôle — 23 Septembre

- Luna, est-ce que tu peux compter jusqu'à 20 ?
- Euh... non, maîtresse... Si je compte deux fois jusqu'à 10, est-ce que ça vous va ?

Histoire drôle
24 Septembre

- Maman, il est quelle heure ?
- 17 heures, chéri.
- C'est pas vrai, ça recommence !
- Quoi ?
- J'ai passé ma journée à demander l'heure aux personnes que je croisais, et tout le monde m'a répondu quelque chose de différent !

- Excusez-moi, monsieur, est-ce que vous connaissez le chemin du zoo ?
- Euh... non, désolé, je ne suis pas d'ici.
- Alors, c'est très simple : vous prenez la deuxième à droite, et c'est tout droit après le feu rouge.

Histoire drôle
25 Septembre

Histoire drôle
26
Septembre

– Est-ce que tu as aimé ton premier jour d'école ?
– Premier jour !!! Tu veux dire que je dois y retourner demain !!!?

La maîtresse se fâche :
– Adrien, tu ne t'es pas brossé les dents ! On peut encore voir les morceaux de la salade que tu as mangée hier !
– Non, maîtresse, c'est avant-hier que j'ai mangé de la salade !

Histoire drôle
27
Septembre

Histoire drôle — 28 Septembre

Un dentiste n'a plus d'anesthésique pour le dernier patient de la journée. Plutôt que d'annuler le rendez-vous, il donne une très grosse aiguille à l'infirmière et lui dit :
- Quand je vous ferai signe, vous planterez l'aiguille dans le pied du patient.

Le patient arrive, le docteur commence à lui triturer la dent, et, au moment de l'arracher, il fait signe à l'infirmière qui plante l'aiguille dans le pied du pauvre homme pendant que le dentiste tire de toutes ses forces et arrache la dent d'un coup.

Peu après, le docteur demande :
- Alors, vous n'avez pas eu trop mal quand je vous ai arraché la dent ?
- Non, je n'ai presque rien senti, dans la bouche, mais en revanche, dans mon pied... Je ne savais pas que les racines d'une dent étaient aussi profondes !!!

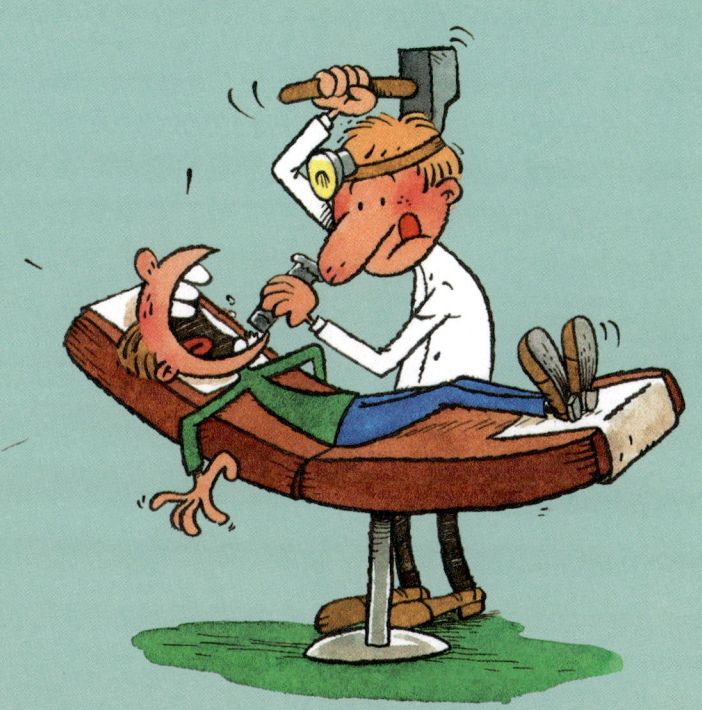

Histoire drôle 29 Septembre

Le maître explique :
- Le président américain George Washington, lorsqu'il était enfant, a coupé le cerisier préféré de son père. Son père était très fâché, mais, quand le petit George a reconnu que c'était bien lui qui avait fait cette bêtise, et coupé l'arbre, son père ne l'a pas puni. Savez-vous pourquoi ?
Tom lève la main.
- C'est parce que le petit George avait toujours la hache dans les mains ?

Le patron arrive très tôt au bureau ce matin, et il surprend un de ses employés en train d'embrasser sa secrétaire. Il s'écrie :
- Est-ce que c'est pour ça que je vous paye !!!
L'employé sourit et répond :
- Non, patron, je le fais gratuitement !

Histoire drôle 30 Septembre

Une dame et son mari arrivent dans le cabinet du dentiste.
- Docteur, dit la dame d'un ton autoritaire, nous sommes très pressés, alors pas de trucs inutiles, pas besoin d'endormir la dent, d'utiliser tout un tas de produits et d'y aller doucement. Vous prenez vos outils, vous arrachez la dent d'un coup, et hop ! on s'en va.
- Eh bien, répond le dentiste, c'est rare de voir une patiente aussi courageuse face à la douleur ! De quelle dent s'agit-il ?
La dame se tourne vers son mari, qui est devenu tout pâle.
- Montre-lui ta dent, chéri !

Histoire drôle
1
Octobre

Octobre

Un homme achète un billet de train à un guichet de la gare.
- Quel est votre prénom ? demande l'employé.
- William...sans « P ».
- Pardon ?
- William...sans « P ».
- Je ne comprends pas. Vous pouvez répéter ?
- William... sans « P ».
- Mais... dans William il n'y a pas de « P », monsieur ?
- Bah oui, c'est ce que je me tue à vous dire !

Histoire drôle 2 Octobre

Histoire drôle 3 Octobre

Au retour des vacances, Samy retourne à l'école. Il ne s'est pas écoulé deux heures quand sa maman reçoit un coup de téléphone de la maîtresse.
- Allô ? Votre fils recommence à très mal se comporter et à faire des bêtises !
La mère réfléchit et répond :
- Et alors ? C'est votre problème ! On vient de passer deux mois en vacances, est-ce que je vous appelais chaque fois que mon fils faisait une bêtise ???

Histoire drôle 4 Octobre

Une maîtresse apprend à ses élèves comment porter secours à des personnes blessées en cas d'accident :
- Bon, Émilie, si tu voyais un de tes amis chuter de son vélo, et se relever avec les genoux qui saignent, qu'est-ce que tu ferais ?
- Je crois que je m'évanouirais, maîtresse !

Un maître essaie de mieux connaître ses nouveaux élèves le premier jour de classe.
- Et toi, Sophie, ton papa fait quoi dans la vie ?
- Il fait ce que maman lui demande de faire !

Histoire drôle 5 Octobre

Histoire drôle
6 Octobre

Un garçon arrive à l'école avec un œil au beurre noir.
- Qu'est-ce qui t'est arrivé ? demande un copain.
- J'ai mangé des bonbons.
- N'importe quoi, manger des bonbons, ça donne pas un œil au beurre noir !
- Si. Surtout si les bonbons appartiennent à ta grande sœur...

Devinette
7 Octobre

Devinette : Cette année, j'avais 7 ans mais, l'année prochaine, j'aurai 9 ans. Comment est-ce possible ?

(Aujourd'hui est le jour de mon anniversaire, j'ai 8 ans !)

Johnny rentre à la maison couvert de poussière.
Sa maman lève les yeux au ciel.
- Mais comment diable fais-tu pour rentrer toujours aussi sale !
- Normal, maman, je suis tout petit : je suis beaucoup plus près du sol que toi !

Histoire drôle 8 Octobre

Histoire drôle 9 Octobre

Deux gamins sont de sortie sur une vieille barque. L'un d'eux a très soif. Il fouille dans la barque et trouve une vieille bouteille qu'il frotte pour voir si elle contient encore du liquide.
Un génie sort de la bouteille dans un nuage de fumée en criant :
- Maître, dis-moi un vœu, je le réaliserai !
L'enfant n'hésite pas une seconde.
- Je veux que la mer tout entière soit transformée en limonade glacée !
Le génie exauce le souhait et disparaît. L'enfant assoiffé commence à boire la limonade délicieuse, penché au-dessus de la mer.
L'autre enfant secoue la tête en disant :
- Oh, c'est malin, hein ! On va être obligés de faire pipi dans le bateau, maintenant !

Histoire drôle
10
Octobre

Sur le lieu de l'accident, le policier demande :
- Comment s'appelle la victime ?
- Jakiszoczkabroskytchy.
- Non, mais avant de se faire écraser, il s'appelait comment ?

Histoire drôle
11
Octobre

Un enfant cyclope demande à son père :
- Comment ça se fait que je n'ai qu'un œil, papa ?
- Oh, arrête de me casser le pied avec tes questions !

Histoire drôle — 12 Octobre

Un prisonnier reçoit une lettre de son épouse.
« Chéri, j'ai décidé de planter quelques fleurs dans le jardin. Quand est-ce que je dois le faire ? »
Le prisonnier, qui sait que tout son courrier est lu par les gardiens de la prison, a une idée. Il répond :
« Chérie, ne touche surtout pas au jardin, c'est là que j'ai enterré tout ce que j'ai volé ! »
Quelques jours plus tard, il reçoit une lettre de son épouse.
« Chéri, tu ne devineras jamais ce qui s'est passé : des policiers sont venus et ont retourné toute la terre du jardin ! »
Le prisonnier sourit et répond :
« C'est parfait. Maintenant, c'est le bon moment pour planter tes fleurs ! »

Histoire drôle **13** Octobre

Une femme rentre chez elle.
- Chéri, il y a un problème avec la voiture. Je crois qu'il y a de l'eau dans le carburateur.
- De l'eau dans le carburateur ? C'est impossible, ça doit être autre chose.
- Non, non, je t'assure, il y a de l'eau dans le carburateur.
- Tu racontes n'importe quoi, tu ne sais même pas ce que c'est, un carburateur. Je vais voir ça. Elle est où, la voiture ?
- Dans la piscine...

Deux copains discutent :
- Moi, je rêve de gagner un million d'euros par mois, comme mon père.
- Ton père gagne un million d'euros par mois !!!?
- Non, mais il en rêve aussi !

Histoire drôle **14** Octobre

Histoire drôle
15
Octobre

Maman se fâche :
- Tu exagères, Tony : chaque fois que tu donnes du gâteau à ton frère, tu te gardes les plus gros morceaux et tu lui donnes les petits !
- Ce n'est pas ma faute, maman, c'est lui qui choisit !
- Comment ça ?
- Je lui dis : « Tu préfères le petit morceau ou rien du tout ? » et il choisit le petit morceau...

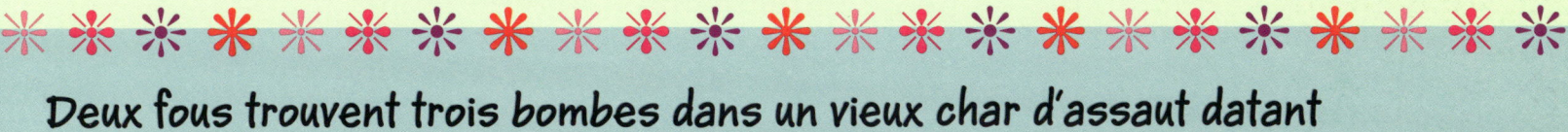

Histoire drôle
16
Octobre

Deux fous trouvent trois bombes dans un vieux char d'assaut datant de la guerre. Ils décident d'apporter ces bombes à la gendarmerie en les portant dans leurs bras.
- Et s'il y en a une qui explose... s'inquiète l'un des fous.
- C'est rien, répond l'autre, on leur dira qu'on n'en a trouvé que deux !

Histoire drôle — 17 Octobre

Tommy est allé à un anniversaire. Connaissant sa gourmandise, sa maman lui demande :
- Tu n'as pas été impoli, au moins ? Tu ne t'es pas gavé ? Tu n'as pas demandé une deuxième part de gâteau ?
- Non, maman. En revanche, j'ai demandé la recette du gâteau que la maman d'Alex avait fait, pour qu'on puisse en faire un à la maison.
- C'est bien, je te félicite.
- Et la maman d'Alex était tellement contente de ma réaction qu'elle m'a donné deux parts de gâteau en plus sans que je lui demande !

Histoire drôle — 18 Octobre

C'est la rentrée des classes. Baptiste rentre de l'école et dit à sa maman :
- Tu sais, maman, le premier jour d'école, ce ne serait pas si nul s'il n'était pas suivi du deuxième jour d'école, du troisième jour d'école, du quatrième jour d'école…

Histoire drôle — 19 Octobre

Le maître demande :
- Maëlle, raconte-nous ce que tu as fait pendant les vacances.
- J'ai parlé à des martiens, maître.
- À des martiens ??? Mais voyons, si les martiens existent, ils vivent sur la planète Mars, pas sur Terre...
- Ben oui, je vous dis pas comment j'ai dû crier fort !

Histoire drôle — 20 Octobre

- Papy ?
- Oui ?
- Quand on sait où se trouve quelque chose, ça veut dire qu'on ne l'a pas perdu ?
- Évidemment.
- Génial ! Parce que je viens de laisser tomber les clés de la maison dans la rivière... !

Un père se fait sévère avec son gamin de 5 ans.
- Tu vas arrêter tes bêtises immédiatement ! C'est quand même encore moi qui commande dans cette maison !
Il marque un temps, puis il ajoute, très inquiet :
- Et surtout pas de gaffe ! Ne va pas me faire avoir des histoires en racontant à maman que je t'ai dit ça !

Histoire drôle **21** Octobre

Histoire drôle **22** Octobre

- Maman, pourquoi les poissons ne parlent-ils pas ?
- Mmmh, je ne sais pas.
- Moi, je pense que c'est pour ne pas avaler toute l'eau en ouvrant la bouche !

Histoire drôle — 23 Octobre

Un gars vient d'acheter un chien bien particulier. Il invite un de ses amis à la chasse au canard, sur un lac. Ils montent dans une petite barque, et attendent. Bientôt le premier canard arrive, les deux chasseurs lui tirent dessus, le canard tombe dans l'eau.
Soudain, le chien saute de la barque, et au lieu de couler, marche sur l'eau, récupère le canard et, le ramène dans la barque.
Le propriétaire du chien est tout fier.
- Alors, tu as remarqué quelque chose de spécial à propos de mon chien ?
- Ouaip, répond l'autre.
Il ne sait pas nager.

Histoire drôle — 24 Octobre

Deux copains se sont disputés. L'un d'eux décide d'aller faire la paix. Il sonne à la porte. La maman ouvre.
- Bonjour, madame, est-ce que Lucas est là ?
La mère disparaît un instant et revient.
- Lucas m'a dit de te dire qu'il n'était pas là.
- Ah ouais ! Eh bien, vous direz à cet imbécile que je ne suis pas venu !

Devinette : Quel est le plus long mot du monde ?

KILOMÈTRE

(« Kilomètre », parce qu'il fait un kilomètre de la première à la dernière lettre !)

Devinette — 25 Octobre

Devinette : Qu'est-ce qu'on obtient quand on croise un cochon avec une fleur ?

(Je ne sais pas mais je n'irai pas sentir ça !)

Devinette — 26 Octobre

Deux copains discutent :
- Au fait, comment elle s'appelle, ta mère ?
- Bah... « Maman »... !

Histoire drôle — 27 Octobre

Histoire drôle — 28 Octobre

La maîtresse demande :
- Rémi, combien y a-t-il de lettres dans l'alphabet ?
- Huit lettres, maîtresse.
- Comment ça, huit lettres ?
- Bah oui : A-L-P-H-A-B-E-T, ça fait huit !

Histoire drôle — 29 Octobre

Une nuit, un gamin surprend un cambrioleur dans sa maison.
- Mais... qu'est-ce que vous faites ici ?
Le voleur sourit et répond :
- Je cherche de l'argent.
- Bonne idée, je vais chercher avec vous !

Histoire drôle 30 Octobre

Joachim observe sa sœur qui est à la fenêtre avec un arrosoir.
- Qu'est-ce que tu fais, Marion ?
- Tu es idiot ou quoi ? Tu ne vois pas que j'arrose les fleurs ?
- Mais... Elles sont en plastique... !
- Je sais bien, c'est pour ça que je n'ai pas mis d'eau dans mon arrosoir !

- Garçon ! Garçon ! Il y a une grenouille dans ma soupe !!!
- Désolé, monsieur, la mouche est en vacances.

Histoire drôle 31 Octobre

Histoire drôle
1 Novembre

– Garçon ! Il y a une mouche dans ma glace !!!
– Oh, je vois, monsieur... Je suppose qu'elle aime les sports d'hiver !

Novembre

Histoire drôle
2 Novembre

Un gamin rentre de l'école, s'affale dans le canapé et allume la télé. Il appelle sa mère.
- Maman, donne-moi du chocolat avant que ça commence.
La maman apporte un morceau de chocolat, que le gamin grignote. Dix minutes plus tard, il dit :
- Maman, donne-moi encore du chocolat avant que ça commence.
La mère se met à grommeler, mais elle apporte un nouveau morceau.
Encore dix minutes, et le gamin appelle :
- Maman ! Donne-moi encore du chocolat avant que ça commence !
Cette fois la mère se fâche.
- Non mais, tu ne crois pas que tu as déjà mangé beaucoup de chocolat ? Et tu ne dis pas s'il te plaît, ni merci ? Et tu ne fais pas tes devoirs ?
Et là, le gamin lève les yeux au ciel et grogne :
- Ça y est, ça commence...

Histoire drôle
3
Novembre

– Docteur, je perds la mémoire, que dois-je faire ?
– Commencez déjà par me payer, on verra après !

Histoire drôle
4
Novembre

La maîtresse se fâche après Yohan qui ne fait jamais ses devoirs.
– Ce n'est pas possible, Yohan ! Lundi, tu me dis que tu n'as pas ton devoir parce que le chien l'a mangé. Mardi, tu m'expliques que tu n'as pas appris tes leçons parce que le chien les a mangées. Jeudi, tu viens à l'école sans tes affaires et tu me racontes que le chien les a mangées ! Et je t'ai bien dit jeudi soir que je voulais voir tes parents vendredi soir ! On est samedi matin, et ils ne sont pas venus !
– Euh... ils n'ont pas pu venir, maîtresse.
– Et pourquoi !?
– Parce que... parce que le chien les a mangés !

Histoire drôle
5 Novembre

Un homme appelle les pompiers.
- Vite ! Venez ! Il y a le feu chez moi ! Viiiite !
- Très bien, monsieur, quelle est votre adresse ?
- Vite ! Je suis trop choqué, je ne m'en souviens plus, veneeeeez !
- Mais si vous ne nous donnez pas votre adresse, comment voulez-vous qu'on vienne ?
- Mais venez dans votre gros camion rouge, crétin !!!

Deux amis se rencontrent.
- Tu as reçu ma lettre ?
- Celle où tu me rappelles que je te dois 100 euros ?
- Oui.
- Non, je ne l'ai pas reçue du tout !

Histoire drôle
6 Novembre

Histoire drôle 7 Novembre

Un ogre entre dans un restaurant.
- Bonjour, à combien est le menu, s'il vous plaît ?
- 20 euros par tête, monsieur.
- Oh ! Et combien si je prends quelques jambes aussi... ?

- Maman, je n'arrive pas à faire le problème que la maîtresse nous a donné pour les devoirs.
- Mais enfin, chéri, un enfant de 5 ans saurait le faire !
- Ah oui ? C'est pour ça que je n'y arrive pas : j'ai 7 ans !

Histoire drôle 8 Novembre

**Histoire drôle
9 Novembre**

Un gars invite un de ses amis chez lui. Il lui fait visiter son appartement, et l'ami est étonné par un objet.

- C'est quoi, cet énorme gong ?
- Ça, c'est mon horloge parlante.
- Comment ça marche ?
- Facile, regarde !

Le gars prend un gros marteau en métal et donne un coup puissant dans le gong, qui sonne à en faire trembler les meubles.

Soudain, quelqu'un crie à travers le mur :

- Mais c'est pas fini ce boucan ! Il est presque minuit !!!

Histoire drôle — 10 Novembre

La maîtresse se fâche :
- Leïla, ça fait dix minutes que nous avons commencé ces exercices de calcul, et tu n'as toujours rien écrit dans ton cahier !!!
- Ne vous fâchez pas, maîtresse, c'est normal : je fais du calcul mental, moi !

La maîtresse demande :
- Et toi, Jérémy, tu fais quoi pendant les vacances ?
- Euh... je ne sais pas, maîtresse. Je crois que je ne fais rien...
- Bon, eh bien ça ne te changera pas trop de l'école, alors...

Histoire drôle — 11 Novembre

Histoire drôle — 12 Novembre

Deux chenilles regardent des papillons voleter au-dessus d'elles. L'une des deux les observe un moment, et s'exclame :
– Eh ben, tu ne me verras jamais monter dans un de ces trucs !

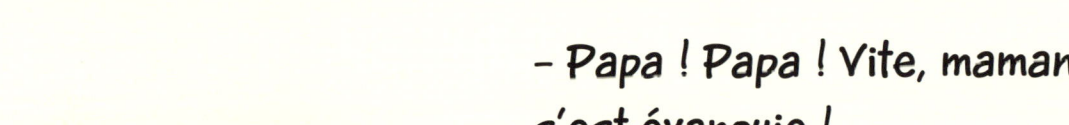

Histoire drôle — 13 Novembre

– Papa ! Papa ! Vite, maman s'est évanouie !
– Quoi ? Mais qu'est-ce qu'il s'est passé ?
– Je ne sais pas. J'étais tranquillement en train de chercher dans la maison le gros crapaud que j'ai ramené du lac et qui s'était sauvé de ma chambre...
– Ne cherche plus, je crois bien qu'elle a dû le retrouver...

Devinette
14
Novembre

Devinette : Quelle est la différence entre un éléphant et un bonbon au caramel ?

(L'éléphant ne colle pas aux dents !)

Histoire drôle
15
Novembre

Une dame dit à son mari :
- Tu as vu, le voisin embrasse tendrement sa femme quand il part au travail. Pourquoi est-ce que tu ne fais pas la même chose ?
- Quoi ??? Mais je ne la connais pas, moi, sa femme ! Pourquoi veux-tu que je l'embrasse !

Devinette
16
Novembre

MONSTRUEUSE DEVINETTE :
Qu'est-ce qu'une maman monstre dit à son fils lorsqu'il est à table ?

(Ne parle pas quand tu as quelqu'un dans ta bouche !)

MONSTRUEUSE DEVINETTE :
Que dit-on quand on croise un monstre à trois têtes ?

(Bonjour, bonjour, bonjour !)

Devinette
17
Novembre

Histoire drôle
18
Novembre

Deux monstres discutent :
- C'était qui la copine, avec qui tu étais, hier, quand on s'est rencontrés ?
- C'était pas une copine, c'était mon sandwich !

Devinette
19
Novembre

MONSTRUEUSE DEVINETTE :
Qu'est-ce qu'a mangé le monstre qui venait de se faire arracher une mauvaise dent ?

(Il a mangé le dentiste !)

Lilas n'est pas venue à l'école depuis une semaine. La maîtresse lui demande :
- Lilas, tu étais malade ?
- Non, maîtresse.
- Mais alors... pourquoi es-tu restée absente aussi longtemps ?
- Eh bien, je me suis dit qu'avec tous ceux qui étaient malades dans la classe, je n'allais pas risquer d'attraper un rhume en venant à l'école !

Histoire drôle
20
Novembre

Devinette 21 Novembre

MONSTRUEUSE DEVINETTE :
Que dit papa Loup-Garou à petit Loup-Garou quand ils sont à table les nuits de pleine lune ?

(On ne hurle pas la bouche pleine !)

Un monstre dit à sa femme :
- Épouse ! Dépêche-toi de me servir mon dîner, je meurs de faim !
- Oh, du calme, je fais ce que je peux, je n'ai que sept bras !

Histoire drôle 22 Novembre

Histoire drôle — 23 Novembre

La maîtresse demande :
- Alors, Jérémy, tu t'es bien reposé pendant les vacances ?
- Non, pas tellement, maîtresse, mais c'est pas grave, je me reposerai à l'école !

Histoire drôle — 24 Novembre

Deux copains discutent :
- C'est incroyable ce que mon chien est intelligent : l'autre jour, je me promenais dans la forêt avec mes parents, et je me suis perdu.
- Comment tu as fait pour rentrer à la maison ?
- C'est ça qui est incroyable : mon chien m'a retrouvé rien qu'à l'odeur ! Qu'est-ce que tu en dis !?
- J'en dis que je crois que tu devrais prendre un bain de temps en temps...

Histoire drôle 25 Novembre

La maman de Manon vient d'accoucher.
La petite fille va voir le bébé pour la première fois.
- Oh... regarde, maman, le bébé n'a pas de cheveux !
- C'est normal, ma chérie.
- Oh ! regarde, maman, il n'a pas de dents non plus !
- C'est normal, ma chérie.
- Et regarde, il est tout ridé !
- C'est normal, ma chérie.
- Mouais. Tout ridé, pas de dents, pas de cheveux... tu es sûre qu'ils ne t'ont pas refilé un vieux bébé, par hasard... ?

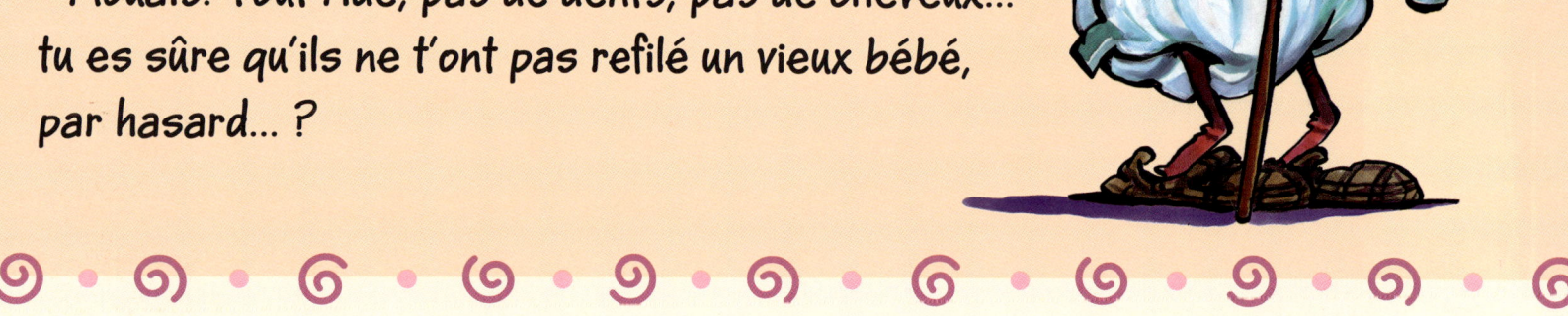

Histoire drôle 26 Novembre

Un homme visite une galerie d'art moderne.
- Quelle idiotie ! dit-il en s'approchant du gardien de l'exposition. Regardez-moi cette horreur ! Je suppose que ce tableau de monstre au nez rouge et aux cheveux gras est ce que vous appelez de l' « art » ?
- Non, monsieur. Nous appelons ça un miroir... !

Histoire drôle
27
Novembre

Un pirate va chez le médecin :
- Docteur, ma jambe de bois me fait très mal.
- Comment est-ce possible ???
- Mon épouse n'arrête pas de me taper sur la tête avec quand je bois trop de rhum !

Une femme est amenée devant le juge pour avoir brûlé plusieurs feux rouges.
Le juge demande :
- Madame, reconnaissez-vous avoir grillé trois feux rouges le 26 juin 2009 ?
- Oui, Votre Honneur.
- Hmmm. Je vois dans votre dossier que vous êtes maîtresse d'école ?
- Oui, Votre Honneur.
- Très bien. Vous allez vous asseoir au fond de la salle, et me copier 500 fois « Je ne dois pas brûler les feux rouges quand je conduis » !

Histoire drôle
28
Novembre

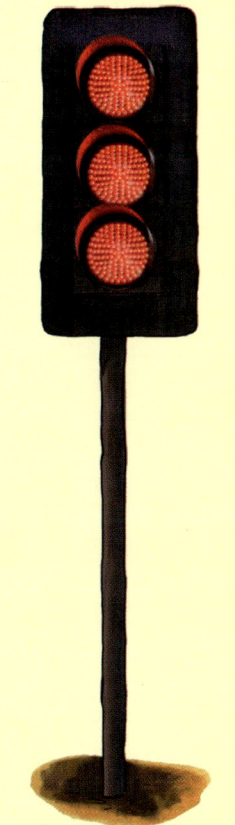

Histoire drôle 29 Novembre

Une fille prend sa première leçon de conduite. Le moniteur lui montre le clignotant en disant :
- Tournez à gauche, et n'oubliez pas de prévenir les autres conducteurs de ce que vous faites.
Alors la fille se penche à la fenêtre et crie :
- Attention, les gars, je tourne à gauche !

Histoire drôle 30 Novembre

Un homme va voir son médecin et lui explique qu'il ne se sent pas très bien ces derniers temps. Le médecin l'ausculte en silence, et sort de son armoire à pharmacie trois bocaux remplis de pilules.
- Écoutez-moi bien, dit le docteur. Le matin avant le petit déjeuner, vous prendrez une pilule bleue avec un très grand verre d'eau. Le midi avant le repas, vous prendrez une pilule rouge avec un très grand verre d'eau. Le soir, avant de vous coucher, vous prendrez une pilule verte avec un très grand verre d'eau.
- Trois médicaments ? C'est donc si grave ??? Mais qu'est-ce que j'ai ?
- Vous ne buvez pas assez d'eau.

À Noël, une petite fille décore son premier sapin avec sa mamie. Sa maman lui demande :
- Alors, il te plaît le beau sapin de Noël ?
- La petite fille répond :
- Ce n'est pas le sapin de Noël, c'est le sapin de mamie !

Décembre

Histoire drôle
1
Décembre

Histoire drôle — 2 Décembre

Le maître demande :
- Pourquoi faut-il être calme et silencieux dans la classe ?
Une élève lève la main :
- Parce que tous les élèves dorment pendant votre cours, maître ?

Histoire drôle — 3 Décembre

Tu connais l'histoire de Zioup le pingouin ? C'est un pingouin qui marche sur la neige et ZIOUP ! le pingouin !

Histoire drôle — 4 Décembre

CUISINE : Le saucisson est le petit de la saucisse.

Histoire drôle
5 Décembre

Une femme roulant trop vite se fait arrêter par un agent.
- B'jour, m'dame. Vos papiers, s'il vous plaît.
- Oh, je suis désolée, je n'ai pas de papiers ! Ni de permis de conduire.
L'agent fronce les sourcils.
- Est-ce que ce véhicule est à vous ?
- Ouh là, non ! En fait, c'est une voiture que j'ai volée, après avoir enfermé son propriétaire dans le coffre, là, derrière.
L'agent sort son arme, et appelle ses supérieurs avec sa radio. Le capitaine arrive bien vite, accompagné de dix agents prêts à intervenir.
- Madame, gardez les mains bien visibles, et ouvrez votre coffre.
La dame ouvre son coffre qui est totalement vide. Le capitaine est étonné.
- Mon agent me dit que vous avez volé cette voiture. Avez-vous vos papiers ?
- Volé la voiture ? Qu'est-ce que c'est que cette idiotie ? Bien sûr, que j'ai les papiers du véhicule !
La dame sort sa carte grise, son assurance. La voiture est à elle !
- Je ne comprends pas, madame. Mon agent me dit que vous avez volé cette voiture, que vous avez enfermé son propriétaire dans le coffre, que vous n'avez ni papiers ni permis...?
La dame ouvre de grands yeux en s'écriant :
- Oh, mais c'est n'importe quoi ! Je suis sûre qu'il vous a dit que je roulais trop vite aussi, ce gros menteur !!!

Histoire drôle — 6 Décembre

- Ça y est, j'ai écrit au Père Noël !
- Qu'est-ce que tu lui as demandé ?
- Qu'il vienne deux fois cette année !

Au retour des vacances, la maîtresse demande à un élève :
- Alors, où es-tu allé en vacances ?
- Je suis allé au Danemark !
- Oh, c'est très bien ! Est-ce que tu peux aller me l'écrire au tableau ?
- Euh... finalement, non, je suis allé aux U.S.A...

Histoire drôle — 7 Décembre

Histoire drôle — 8 Décembre

- Docteur, je me prends pour un chat.
Le médecin lui montre le divan.
- Hum ! Asseyez-vous là, je vais vous examiner.
- Je ne peux pas : je n'ai pas le droit de monter sur les canapés.

Heureusement que notre maître n'est pas un vampire !
- Pourquoi ?
- Parce qu'il nous ferait aussi des contrôles sanguins !

Histoire drôle — 9 Décembre

Devinette
10
Décembre

Devinette : Pourquoi les lutins rigolent-ils tout le temps quand ils jouent au foot ?

(Parce que l'herbe les chatouille sous les bras quand ils courent après le ballon !)

Devinette : Je bois de l'eau, mais je ne l'avale pas. Qui suis-je ??

(L'éponge.)

Devinette
11
Décembre

Dans un hôpital, un malade en blouse blanche court comme un fou vers la sortie.
Un surveillant l'arrête.
- Allons, monsieur, vous ne pouvez pas sortir habillé comme ça ! Que se passe-t-il ?
- J'ai entendu une infirmière dire : « Ne vous inquiétez pas, monsieur, c'est une opération très simple, tout va bien se passer ! »
- Elle a sans doute raison, voyons, elle essayait simplement de vous rassurer.
- Mais elle ne me parlait pas à moi. Elle disait ça au chirurgien qui doit m'opérer !

Histoire drôle
12
Décembre

Sébastien est bien ennuyé :
- J'avais une histoire de boomerang à vous raconter, mais je l'ai oubliée...
- Ce n'est pas grave, elle va te revenir !

Histoire drôle
13
Décembre

- Quel est votre prénom ? demande une dame à une jeune fille engagée pour s'occuper de sa maison.
- Marie-Hélène, madame...
- Très bien, je vous appellerai Marie.
- Et moi, madame, comment dois-je vous appeler ?
- Petite idiote !
- Ho, madame, je n'oserai jamais vous appeler comme ça !

Histoire drôle
14
Décembre

Histoire drôle
15
Décembre

- Garçon ! Il y a une limace dans ma salade !
- Oups ! désolé, monsieur, je ne savais pas que vous étiez végétarien !

Histoire drôle — 16 Décembre

Une dame passe devant un magasin d'animaux, quand un perroquet dans une cage lui dit :

- Hey ! M'dame ! t'es vraiment trop moche.

La femme secoue la tête, et continue son chemin.

Le lendemain, quand elle repasse devant le magasin d'animaux, le perroquet l'appelle encore :

- Hey ! M'dame ! t'es vraiment trop moche.

La dame ignore à nouveau le perroquet. Mais le lendemain, il recommence :

- Hey ! M'dame ! t'es vraiment trop moche.

Cette fois, la dame se fâche. Elle sort le perroquet de la cage et l'attrape par le cou en criant :

- Si tu me dis encore une seule fois que je suis trop moche, je te tords le cou, compris ???

Le lendemain, la dame passe devant le magasin, et le perroquet l'interpelle :

- Hey, m'dame !

La dame serre les poings.

- Oui ?

Et le perroquet hausse les ailes en disant :

- Bof, vous le savez déjà, de toutes façons !

Histoire drôle
17 Décembre

Deux filles discutent :
- Hier, je suis allée au cinéma voir « L'Horrible Vampire du marais de la mort » avec mon petit ami.
- Ah oui ? Et il était comment ?
- Terrifiant ! Imagine un monstre grand et pâle, avec des yeux rouges et des dents pointues, qui bave tout le temps... beurk !
- Non, pas ton petit ami : le vampire, il était comment ?

Devinette : Pourquoi le maître a-t-il écrit sa leçon sur une fenêtre de la classe ?

(Parce qu'il voulait que la leçon soit vraiment très claire !)

Devinette
18 Décembre

Histoire drôle — 19 Décembre

IDÉE PRATIQUE :
Pour avoir plus de cadeaux le 25 décembre, mettez deux sapins au pied de la cheminée !

Histoire drôle — 20 Décembre

Un homme et son épouse ont décidé de passer une soirée en ville. Ils appellent un taxi et, juste au moment de fermer la porte de chez eux, un chat parvient à se faufiler dans la maison. L'épouse monte dans le taxi, tandis que le mari retourne dans la maison pour en faire sortir le chat. La dame, qui ne veut pas que l'on sache qu'il n'y a personne dans la maison ce soir-là, explique :
- Mon mari est allé dire bonne nuit à ma vieille mère qui vit avec nous.
Le mari revient trois minutes plus tard et dit à sa femme :
- Ça y est, c'est fait. La sale bête s'était cachée sous le lit, il a fallu que je la fasse sortir à coups de balai !

Devinette

21 Décembre

Devinette : Combien de cadeaux le Père Noël peut-il mettre dans une hotte vide ?

(Un seul - après avoir mis un cadeau, la hotte n'est plus vide !)

Le maître demande :
- Les enfants, est-ce que vous savez à quelle température bout l'eau ?
Aucun élève ne propose de réponse.
- Personne ne répond ? Bon. L'eau bout à 90 degrés, notez-le sur vos cahiers.
Un élève lève timidement la main.
- Je m'excuse, maître, mais je crois que l'eau bout à 100 degrés...
Le maître vérifie dans le dictionnaire.
- Oups ! Tu as raison ! C'est l'angle droit qui bout à 90 degrés, j'ai confondu !

Histoire drôle

22 Décembre

Devinette 23 Décembre

Devinette : Qu'est-ce qui est gros, gris, et qui a six pattes, trois oreilles, quatre défenses et deux trompes ?

(Un éléphant avec des pièces de rechange !)

- Docteur, docteur, je voudrais bien maigrir...
- Attendez le printemps, vous verrez, vous allez fondre !

Histoire drôle 24 Décembre

Devinette 25 Décembre

Devinette : Une maman a cinq enfants et quatre pommes ; comment fait-elle pour donner la même part à chaque enfant ?

(Elle fait de la compote.)

Un prestidigitateur se fait engager sur un bateau de croisière. Il fait une représentation de magie tous les soirs, mais il a un problème : le perroquet du capitaine ne cesse de parler pendant qu'il présente son spectacle, et révèle tous les « trucs » de ses tours de magie.
- Oh, facile ! Regardez, il a les foulards dans sa manche ! Et là, il y a des fils invisibles, il ne vole pas vraiment ! Et là, regardez, il a fait disparaître la carte derrière sa main ! Oh, le méchant tricheur, regardez un peu, mesdames et messieurs, il a mis la bouteille cassée sous son chapeau ! Et là, le lapin est dans le deuxième tiroir de la table ! Hou ! Remboursez !
Tous les soirs, le perroquet ridiculise le prestidigitateur désespéré. Mais, une nuit, le bateau coule, et le perroquet se retrouve dans un canot de sauvetage avec le magicien. Quelques jours s'écoulent sans qu'ils se parlent. Mais, un matin, le perroquet craque.
- OK, je m'avoue vaincu : c'est quoi, le « truc » pour faire disparaître le bateau ?

Histoire drôle
26
Décembre

Histoire drôle — 27 Décembre

Un très mauvais élève explique ses difficultés au maître.
- Je suis désolé, maître, je n'arrive vraiment pas à écouter en classe. C'est comme si tout ce que vous disiez entrait dans mes deux oreilles, et ressortait par l'autre.
- Mais ce n'est pas possible, si ça entre dans tes deux oreilles, ça doit forcément rester dans ta tête, tu n'as pas trois oreilles !
- Vous voyez, maître : je suis aussi complètement nul en maths !

Histoire drôle — 28 Décembre

- Dis, grand-mère, quel âge as-tu ?
- Mais enfin, on ne demande pas cela aux grandes personnes, et d'ailleurs je ne sais plus...
- Si, tu n'as qu'à regarder dans ta culotte...
- Dans ma culotte ?
- Ben oui, dans la mienne il y a une étiquette qui indique 5 ans !

Devinette : Qu'est-ce que deux hommes invisibles se disent quand ils se rencontrent ?

(Ça fait longtemps qu'on ne s'est pas vus !)

Devinette
29
Décembre

Devinette
30
Décembre

Devinette : Qu'est-ce qui t'appartient mais qui est plus utilisé par tes amis que par toi-même ?

(Ton prénom !)

Devinette : Qu'est-ce qui est aussi gros qu'un éléphant, mais ne pèse rien ?

(Son ombre !)

Devinette
31
Décembre